Impressum

Die Deutsche Bibliothek · CIP-Einheitsaufnahme

Schöne Talsperren und Seen / Gisela Schmoeckel ; Holger Klaes. – Bottrop ; Essen : Pomp, 1998 (Ausflugsziele im Bergischen Land) ISBN 3-89355-171-9

Alle Daten und Fakten in diesem Buch sind mit größter Sorgfalt recherchiert und nach dem Stand Januar 2003 zusammengestellt worden.
Es gibt überregionale Hotlines → für Fahrpläne:
Tel. (0 18 03) 50 40 30
Internet: VRR.de mit Link zu „Verbundpartner"
→ für allgemeine Fragen und Zimmervermittlung:
Touristikverband Oberbergisches Land e.V. Tel. (0 22 61) 88 69 09
Informationszentrum Wuppertal Tel. (02 02) 1 94 33
Im Internet finden sich weitere Informationen meist unter >Städtenamen<.de

Texte: Gisela Schmoeckel

Fotos: Holger Klaes

Lektorat: Redaktionsbüro E. Manzke, Essen

Karten: Computerkartographie Carrle, München

Gestaltungskonzeption: Gregor Spohr

Lithographie: Repro Wuchert Computer Publishing GmbH, Bochum

Herstellung: Druckerei und Verlag Peter Pomp GmbH, Bottrop

Copyright 1998: Verlag Peter Pomp, Bottrop · Essen

3. von Eckhart Schmoeckel aktualisierte Auflage: Februar 2003

Titel: Brucher-Talsperre
Vorsatz: Wupper-Talsperre

ISBN 3-89355-171-9

Autoren

Gisela Schmoeckel M.A.
ist Literatur- und Kunsthistorikerin. Sie arbeitet freiberuflich als Journalistin und spezialisierte sich auf Geschichte und Kultur des Bergischen Landes. Sie ist Autorin des Ausflugsführers „Schöne Stätten der Industriekultur".

Holger Klaes
ist gebürtiger Wuppertaler und seit 1987 als freiberuflicher Fotograf tätig. Seine Fotos wurden in zahlreichen Bildbänden, Kalendern und Zeitschriften veröffentlicht. Für die Reihe 'Ausflugsziele ...' fotografierte er 'Schöne Schlösser, Burgen und Kirchen' im Bergischen Land und im Westerwald, 'Schöne Wasserburgen und Schlösser' im Münsterland sowie 'Schöne Burgen und Schlösser' in der Eifel.

Schöne Talsperren und Seen

Der
Regional-Freizeitführer
von
Gisela Schmoeckel
und
Holger Klaes

Inhalt

Regen bringt Segen – vom touristischen Standpunkt aus nicht unbedingt. Aber dem Bergischen Land, dem die Grafen von Berg seinen Namen gaben, brachten die Wolken der atlantischen Tiefausläufer seit dem Ausgang des Mittelalters eine erfolgreiche wirtschaftliche Entwicklung. Der Boden dieser Landschaft zwischen der Ruhr im Norden, dem Ebbegebirge im Osten, der Sieg im Süden und der Rheintrasse im Westen besteht aus wasserundurchlässigen Schichten. Niederschläge fließen hier schnell oberirdisch ab, aus freundlich plätschernden Bächen entwickeln sich in „Regenzeiten" reißende Hochwasser, bei längerer Trockenheit versiegen die Brunnen. Aber in Teichen gestaut, wird aus dem unberechenbaren Regen ein zuverlässiger Energielieferant, der in den Tälern seit dem 15. Jahrhundert eines der größten Gebiete der Eisen- und Stahlverarbeitung, später auch der Textilindustrie entstehen ließ. In dichter Kette folgten die Teichanlagen der Hammer- und Schleifkotten in den sumpfigen Tälern aufeinander.

Im 19. Jahrhundert ließen Dampfkraft und Elektrizität die Industrie auf die Höhen und ins Ruhrgebiet wandern, die bergischen Städte erlebten eine Bevölkerungsexplosion. Trinkwasser wurde knapp, auch konnten die kleinen Teichanlagen den Brauchwasserbedarf größerer Werke nicht mehr sichern.

Der Aachener Hochschulprofessor Dr. Otto Intze (1843–1904) entwickelte für große Talsperren-Anlagen einen neuen Staumauer-Typ, der durch sein Eigengewicht und die typische Krümmung ganze Talabschnitte sicher absperren konnte. 1891 entstand mit der Remscheider Talsperre im Eschbachtal die erste deutsche Trinkwassersperre. Nach dem Ersten Weltkrieg wurden nur noch Dämme errichtet. Als vorläufig letzter – aber als einer der ersten geplant – wurde 1987 der Wupper-Damm bei Krebsöge vollendet.

Die Talsperren sollten prägend für das Bergische Land werden. Viele von ihnen sind für den Wassersport freigegeben, fast alle laden mit ihren waldreichen Ufern zu ausgedehnten Spaziergängen ein. So wurde der Regen doch zum touristischen Segen; ausgerechnet Talsperren, Großprojekte historischer und modernster Wassertechnik, schufen eine unvergleichliche Seenlandschaft. Am schönsten erschließt sie sich, anders als in anderen Bergregionen, auf den langen Höhenstraßen, von denen man weite Blicke in die Rheinebene bis zum Siebengebirge und in die Eifel haben kann, und auf den unzähligen, abwechslungsreichen Wanderwegen.

Eindrucksvoll ist die Vernetzung der Fluß- und Talsperrenverbände zur Wasserversorgung; ein weit verzweigtes Stollensystem sichert wie ein Adernetz den Kreislauf unseres wichtigsten Elementes.

Dieser Führer beschreibt 30 Talsperren, Seen und Teiche, gibt Tips für die Anfahrt, in der Regel zu Sperrmauer oder Damm, und nennt Ausflugsziele in ihrer Nähe. Unter „Wissenswertes" finden sich zusätzlich Daten über Funktion und Entstehung der Talsperren. Außerdem wird der jeweilige Träger(verband) und die Mauer- bzw. Dammhöhe genannt; diese wird in der Regel in Metern über der Talsohle angegeben. Manche Verbände messen jedoch die Höhe der Bauwerke ab der viel tiefer liegenden Gründungssohle im Gestein, dann findet sich der Vermerk „über Gründung". Weiterführende Informationen, vor allem zur Talsperren-Technik, geben die Träger und Wasserverbände, deren Telefon- und Faxnummern im Überblick aufgeführt sind.

Wasserstands-regulierung schafft Freizeitparadies

Das Bruchsteinmauerwerk der 42 Meter hoch aus dem tiefeingeschnittenen Aggertal aufragenden Mauer ist nur Verblendung. Ihr Korpus entstand von 1927–1928 als einer der ersten im Gußbetonverfahren. 1966 erhielt die Wasserseite eine Vorsatzwand aus Asphaltbeton, gestützt durch eine Stahlbetonplatte. Die Flüßchen Genkel, Agger und Rengse speisen die große, dreigliedrige Stauanlage, die 19,3 Millionen Kubikmeter faßt und der Wasserstandsregulierung der Agger bei Niedrig- und Hochwasser dient. Sie sichert die gleichmäßige Versorgung der Industrie mit Betriebs- und Brauchwasser sowie die Energieerzeugung. Acht Laufwasserkraftwerke werden von der Agger betrieben. Träger der Talsperren von Agger, Genkel und Wiehl ist der Aggerverband.

1923 gründeten 40 Triebwerksbesitzer die Aggertalsperrengenossenschaft, die 1943 zum Aggerverband umgebildet wurde. Der Verband hat seinen Sitz in Gummersbach-Niederseßmar. Zu seinen Aufgaben gehören die Trinkwasserversorgung für 350.000 bis 400.000 Menschen durch die Wasserwerke Auchel und Erlenhagen, darüber hinaus die Wasserstandsregulierung, naturnahe Gewässerpflege sowie Bau und Betrieb von Abwasserpumpwerken und Kläranlagen im Gebiet zwischen Wipperfürth, Gummersbach, Eckenhagen, Waldbröl und Overath.

Unsere Tips

- Zentrum des Wassersports ist Lantenbach am Westufer mit Bootsanlegern, Campingplatz und einem Jugendzeltplatz. An der Vorsperre in Bruch liegt ein Freibad. Nur an den Ostufern, am Bruchberg, führt keine Uferstraße vorbei, deshalb eignen sich diese zum Wandern. Als Joggingstrecke beliebt ist der Rundweg um die Halbinsel Burg (Parkplatz Bredenbruch).

- In reizvoller Lage südlich der Agger-Talsperre liegt Bergneustadt mit seiner idyllischen Altstadt auf einem Bergsporn oberhalb des Dörspetals. 1301 gründete Graf Eberhard II. von der Mark diese Festung an der Grenze zu den Grafschaften Berg und Sayn-Homburg. Auf Resten der alten Stadtmauer ruhen die Kellergewölbe des heutigen Heimatmuseums, zu dem auch noch ein ehemaliger Befestigungsturm gehört. Frühe Pfarrkirche für die Festung war die „Bonte Kerke" (Wandmalereien) in Wiedenest aus dem 12. Jahrhundert. Heimatmuseum Wallstr. 1, 51702 Bergneustadt. Öffnungszeiten: Di bis Sa 15–17, So 14–17 Uhr. Führungen, Tel. (0 22 61) 4 31 84.

Agger-Talsperre, Aggerverband, Brauchwasser, 1928,
Mauerhöhe 42 m, 19,3 Mio. m³

DB oder S-Bahn bis Gummersbach, dann unregelmäßige Busverbindung, Information: s. Impressum.
Mit dem Auto A 4, Abfahrt Reichshof/Bergneustadt, dann B 256,
in Derschlag Richtung Agger-Talsperre; von Marienheide und
Gummersbach über Becke nach Lantenbach.

Radfahren: Informationen beim Verkehrsamt Gummersbach,
Rathausplatz 1, 51643 Gummersbach, Tel. (0 22 61) 8 74 04,
Fax (0 22 61) 8 76 00.

Wanderwegenetz bei Lieberhausen („Bonte Kerke"),
am Unnenberg und im Gebiet von Agger- und Genkel-Talsperre.

Hotel Café-Restaurant Aggersee-Terrassen, Inselweg 11-13,
51647 Gummersbach, Tel. (0 22 61) 2 37 88,
Fax (0 22 61) 2 96 74, Fahrradverleih für Hausgäste.

Alle Arten Wassersport; Freizeitbad „GUMBALA" in Gummersbach.

Campingplatz in Lantenbach, Tel. (0 22 61) 6 65 27,
Jugendzeltplatz Lantenbach, Tel. (0 22 61) 2 33 87.

Wissenswertes

Wassersport-Paradies

„Leinen los!" heißt es auf der Bever seit mehr als 50 Jahren. Hier kann man segeln, surfen, Motorboot fahren, schwimmen, rudern und angeln. Aber der Freizeitsport war gar nicht der Zweck des Baus, sondern die Arbeit der vielen Textilfabriken, die sich im 19. Jahrhundert wie Perlen an einer Schnur an der oberen Wupper entlangzogen. Sie alle brauchten eine Verbesserung ihrer Wasserkraftanlagen an den meist eigenen Wehren. Das Rezept für gleichmäßige Wassermengen hatte der Talsperren-Konstrukteur Professor Otto Intze. Nachdem sich alle Kraftwerksbesitzer in Hückeswagen 1896 zur Wupper-Talsperren-Genossenschaft, der Vorgängerin des 1930 gebildeten Wupperverbandes, zusammengeschlossen hatten, konnte 1896 der Bau einer Talsperre im Bevertal beginnen. Bald schon wurde deutlich, daß die Talsperre für die anfallende Niederschlagsmenge zu klein war, von 1935–1939 errichtete man deshalb 1,2 Kilometer unterhalb der alten Bruchsteinmauer einen Erddamm mit Stahlblechwand. Die alte Mauer diente Sprengversuchen im Zweiten Weltkrieg. Durch Stollen ist die Bever-Talsperre mit der Neye-Talsperre und der kleinen Schevelinger Talsperre verbunden, alle drei bilden den sogenannten Beverblock zur wasserwirtschaftlichen Nutzung.

Unsere Tips

- Die alte Tuchindustrie existiert nicht mehr in der romantischen Beverstadt Hückeswagen (ca. 15.000 Einwohner), statt dessen entstanden Werke des Werkzeug- und Maschinenbaus. Der Name der mehr als 900 Jahre alten Stadt leitet sich von „Hukengesuuage" ab, was „Siedlung der Hukinger nahe dem Wasser" bedeutet. 1289 ging die Grenzfeste in den Besitz der Grafen von Berg über. Idyllisch ist der Spaziergang auf den steilen Felsrücken des Schloßbergs mit der großen, barocken Pauluskirche und dem Heimatmuseum, Tel. (0 21 92) 8 81 12, in der ehemaligen Schloßkirche. Das Schloßgebäude aus dem 12. Jahrhundert ist heute Sitz der Stadtverwaltung.

- An der Hartkopsbever, einem Stausee unterhalb des Bever-Damms, ereignete sich Literaturgeschichte. Jung-Stilling, ein Freund Goethes und der bekannteste Vertreter deutscher Empfindsamkeit, verbrachte hier als junger Lehrer im Hause des reichen Kaufmanns Engelbert Hartkop die unglücklichste Zeit seines Lebens. Das schöne alte Haus ist in der Hofschaft noch zu sehen. Nachlesen kann man Johann Heinrich Jung-Stillings „Jugend, Jünglingsjahre und Wanderschaft" im Reclam-Bändchen Nr. 662.

bei Hückeswagen

Bever-Talsperre, Wupperverband, Brauchwasser, 1898 und 1939, Damm 41,5 m (über Gründung), 23,7 Mio. m^3

DB oder S-Bahn ab Düsseldorf bzw. Wuppertal bis Bf. Remscheid-Lennep, Bus 336 bis Hückeswagen; ab Köln SB bis Gummersbach, Bus 336 bis Hückeswagen, von dort ca. 4 km Fußweg. Auskunft: s. Impressum.
Mit dem Auto A 1, Ausfahrt Remscheid, B 229 und B 51 Richtung Hückeswagen; A 45, Ausfahrt Lüdenscheid, B 229 bis Radevormwald, B 483 bis Hückeswagen, dann den Schildern folgen.
Großes Wanderwegenetz zwischen Bever- und Neye-Talsperre.
Strandcafé Kürten, Wefelsen 4, 42499 Hückeswagen,
Tel. (0 21 92) 66 00, Fax (0 21 92) 57 37; Mo Ruhetag, geöffnet 11 – 22 Uhr. Das Restaurant ist von Mitte November bis Anfang März geschlossen.
Alle Wassersportarten. Bootsvermietung: Bergische Yachtschule (Segeln und Theorie Motorbootschule) Bever-Talsperre, Käfernberg 6, 42499 Hückeswagen, Tel. (0 21 92) 21 82.
Auskunft über Campingplätze bei der Interessengemeinschaft Zeltplätze Bever-Talsperre e.V., Tel. (0 21 92) 20 18 oder 20 19, Fax (0 21 92) 32 79, Internet: ig-bever.de.

Wissenswertes

13

Kreuzherren und Drachenboote

Das Spiegelbild der Beyenburger Klosterkirche im See vor dem dunklen Waldrücken des steilen Bilsteins ist eines der beliebtesten bergischen Fotomotive und die jährliche Drachenboot-Regatta ein großes buntes Sommerspektakel. Auf die eindrucksvolle zwölf Meter hohe, schmale Sperrmauer mit dem Sektorwehr schaut man von den Wegen und Straßen des alten Orts Beyenburg. Hier stehen viele Fachwerk- und Schieferhäuser so nah an der Felswand unterhalb des Klosterbergs, daß sie ihre Haustüre im Oberstock haben. In Beyenburg biegt der Wupperlauf aus seiner Süd-Nord-Richtung ab und eröffnet die mehr als 13 Kilometer lange Ost-West-Strecke bis Sonnborn, wo er sich wieder nach Süden zum Rhein wendet.

Die fast rechtwinklig abknickende Wupperschleife bildet eine Halbinsel, an der die alte Handels- und Pilgerstraße Köln – Dortmund eine Furt hatte. Eine Wehranlage betrieb in Beyenburg schon 1514 eine Mühle. 1952–1953 baute der Wupperverband die zwölf Meter hohe Wehranlage mit beweglichem Sektorwehr, festem Überlaufwehr und Erddamm. Der Stausee dient zur Regulierung der Wasserführung.

Unsere Tips

- 1298 schenkte Engelbert I. von Berg das alte Steinhaus dem flämischen Mönchsorden der Kreuzbrüder, die 1458 auf dem Beyenberg die spätgotische Kirche mit Dachreiter errichteten. Sehenswert sind ihr reich verziertes Chorgestühl und ein Hochaltar aus der Barockzeit. Nach der Säkularisierung durch Napoleon wurde das Kloster 1804 aufgehoben, 1963 kehrte der Kreuzherrenorden nach Beyenburg zurück, Kirche und Klostergebäude wurden restauriert. Das Kloster vermietet seine schönen Säle für private Feste, Tel. (02 02) 61 11 32.

- Die Clubhäuser einiger Ruder- und Kanuvereine reihen sich an den Ufern des äußeren Stausees.

- Ein Klettersteig (ca. 15 Minuten) zum steilen Bilstein (238 Meter) hinauf eröffnet einen Blick aus der Vogelperspektive auf die große Wupperschleife und den gesamten Ort, der seit 1929 zu Wuppertal gehört. Der Wanderweg zum Bilstein ist über die Fußgängerbrücke in der Nähe von Haus Bilstein am Ortsrand zu erreichen.

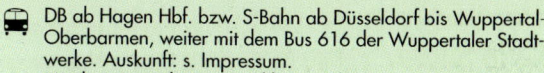

Beyenburger Stausee, Wupperverband, Brauchwasser, 1953,
Wehrmauer 12 m (über Gründung), 0,47 Mio. m³

🚌 DB ab Hagen Hbf. bzw. S-Bahn ab Düsseldorf bis Wuppertal-
Oberbarmen, weiter mit dem Bus 616 der Wuppertaler Stadtwerke. Auskunft: s. Impressum.
Mit dem Auto ab Dortmund bzw. Köln A 1, Ausfahrt Wuppertal-
Ronsdorf, dann B 51 Richtung Remscheid-Lüttringhausen,
hier links ab auf die Landstraße (Teil der alten Handelsstraße)
nach Wuppertal-Beyenburg.

🚲 Radweg von Wuppertal-Oberbarmen nach Beyenburg.

🚶 Großes Wanderwegenetz. Ein Wanderweg zum Ausflugsziel
Spreeler Mühle (30 Minuten) und weiter zur Heilenbecke Talsperre
(ca. 2 Stunden) beginnt beim Einfluß der Wupper am östlichen
Uferweg des äußeren Stausees.

✗ Haus Bilstein, Zum Bilstein 25, 42399 Wuppertal,
Tel. (02 02) 61 12 09; Mo Ruhetag.

☞ Sehenswert ist die traditionelle Himmelfahrtsprozession.

🏃 Ruder- und Kanusport, Auskunft erteilt die Stadt Wuppertal,
Stadtbetrieb Sport und Bäder, Tel. (02 02) 5 63 65 75.

Wissenswertes

Wilde Romantik vor Kalksteinwänden

Mit Winnetou und Old Shatterhand begann es. 1949 entdeckten Schauspielschüler der Folkwangschule Essen und der Gründgens-Schule in Düsseldorf die beiden schimmernden Seen im aufgelassenen Steinbruch unter der Kalksteinfelswand als Naturbühne für Karl-May-Theaterspiele. Die Stadt zog mit, und wilde schöne Romantik ergriff allsommerlich die Besucher der Freilichtbühne am kleinen See. Von 1970 bis 1994 kam das Ensemble der Elsper Karl-May-Festspiele mit Pierre Brice zum Sommerende. Heute schlagen Kinderherzen höher bei den Abenteuern des Kleinen Tigers, des Kleinen Bären oder Pinocchios; Musicals und andere Gastspiele werden angeboten.

Der Blaue See entwickelte sich mit Märchenzoo und vielen Attraktionen für die ganze Familie zu einem beliebten Ausflugsziel der Region.

Das Gestein der romantischen Felskulisse entstand vor mehr als 350 Millionen Jahren, als sich Korallenriffe am Rande des Devonmeers zu Massenkalkbänken ablagerten. Im folgenden Erdzeitalter des Karbons, das aus riesigen Wäldern die Kohlenflöze des Ruhrgebiets entstehen ließ, wurde das Rheinische Schiefergebirge aufgefaltet, die Kalksteinbänke traten an den Abhängen der Bergischen Trasse hervor – wie in Dornap im Neandertal auch hier im Oberbusch bei Ratingen. 1932 schlossen die Ratinger Kalkwerke GmbH den Betrieb im heutigen Gelände des Blauen Sees. Im Abbruchloch des Steinbruchs sammelte sich Grundwasser. Der See ist bis zu zwölf Meter tief.

Unsere Tips

- Direkt am Ufer des großen Sees befindet sich ein Restaurant mit weitläufigen Terrassen. Natur, Landschaft und die vielen Zeugnisse historischer, kultureller und industrieller Entwicklung des Angertals und des Blauen Sees waren in das Projekt Europäische Gartenschau EUROGA 2002 einbezogen.

- Der alte Rittersitz „Haus zum Haus" besaß seit dem 15. Jahrhundert die Abbruchrechte für den Kalkstein im Oberbusch. In Kalköfen wurde Kalk für Bau- und Düngemittel gebrannt. Die Wasserburg ist auf einem halbstündigen Spaziergang durch den Poensgenpark oder vom Parkplatz am Blauen See aus, am Industriemuseum Cromford vorbei, zu erreichen.

- Die Stadt Ratingen, schon um 850 erwähnt, erhielt 1276 Stadtrechte. Sie wurde gegen das Kölner Erzbistum und seinen Hafen bei der alten Kaiserpfalz in Kaiserswerth durch die Herzöge von Berg befestigt. 1783 baute in der Nähe des heutigen Blauen Sees der Wuppertaler Kaufmann Gottfried Brügelmann die erste mechanische Baumwollspinnerei nach englischem Muster. Er nannte die Fabrik „Cromford"; heute befindet sich dort eine Außenstelle des Rheinischen Industriemuseums, Cromforder Allee 24, 40878 Ratingen. Öffnungszeiten: Di bis So 10 – 17 Uhr, Tel. (0 21 02) 8 64 49-0 oder -2 00.

Blauer See (kleiner und großer See), Blauer See GmbH, ehemaliger Kalksteinbruch, entstanden nach 1930, 2,2 ha

🚌 S-Bahn von Düsseldorf Hbf. bzw. Essen Hbf. bis Ratingen-Ost. Mit dem Auto A 3 bis Ausfahrt Ratingen/Wülfrath, A 52 von Düsseldorf bzw. Essen bis Ausfahrt Ratingen/Tiefenbroich, A 44 bis Ausfahrt Ratingen-Süd, dann den Schildern folgen.

🚲 Radwege in der Umgebung von Ratingen, vor allem im Angertal.

🚶 Geologischer Rundgang um den Blauen See, Wanderwege im Angertal und Oberbusch.

🏛 Museum Cromford (s. Unsere Tips) und Stadtmuseum, Grabenstr. 21, 40878 Ratingen, Tel. (0 21 02) 98-24 42, Öffnungszeiten: Di bis So 10 – 17 Uhr.

✗ Restaurant Blauer See mit Terrassencafé, Tel. (0 21 02) 84 81 90, Mo bis So 10 – 23 Uhr.

☞ Auskunft über Museen und Programm der Naturbühne beim Kultur- und Verkehrsamt, Tel. (0 21 02) 98-0 oder 98-25 35; Fax (0 21 02) 98-44 32.

☞ Im Südwesten von Ratingen entstand im Gebiet ehemaliger Kiesgruben der Erholungspark Volkardey mit Surfgelände und großen Parkanlagen am Grünen See und dem Naturschutzgebiet, dem Silbersee.

Wipperwasser und Wallfahrten

Vom 30 Meter hohen, hölzernen Aussichtsturm auf dem Ellberg bei Marienheide sieht die Brucher-Talsperre aus wie eine große Schüssel mit grünem Rand. Der dichte Wald des Forstes Gervershagen grenzt bis an ihr nordöstliches Ufer, am gegenüberliegenden Ufer reihen sich die Campingplätze und Schwimmstrände von Rodt und Stülinghausen. Sommerliches Freizeit- und Wassersportvergnügen ist hier bei gutem Wetter sicher, aber auch in den anderen Jahreszeiten lädt der Uferweg zum einstündigen Spaziergang ein. Die in einem Hangquellmoor bei Börlinghausen entspringende Wipper führt unterhalb des Bruchertals vorbei, ein Stollen vom Stausee Holzwipper leitet einen Teil des Wassers in die Brucher-Talsperre, so daß sich das kleine, westliche Einzugsgebiet um mehr als die Hälfte vergrößert.

Albert Schmidt, der 1893 die Mauer der Panzer-Talsperre bei Remscheid-Lennep errichtete, lieferte den Entwurf und leitete den Bau der Brucher Mauer von 1913–1914. Sie ist die letzte Talsperre im Bergischen Land, die mit einer „Intze-Mauer" aus Bruchsteinen abgeschlossen wurde. Zusammen mit der Lingese-Talsperre dient sie zur Regulierung des Wasserstands der Wupper.

Unsere Tips

- Eine Besonderheit sind die vier überbrückten Kronenüberfälle von je vier Meter Breite und anschließendem Tosbecken. Schon 1916 zeigte sich an der Mauer und im Gelände unterhalb der Sperre Feuchtigkeit. Eine grundlegende Sanierung der Mauer führte der Wupperverband von 1990–1994 durch.

- Wipperquelle, Brucher- und Lingese-Talsperre liegen im Gemeindegebiet von Marienheide, das seinen Namen den Marien-Wallfahrten zu einem Gnadenbild verdankt, die seit mehr als 500 Jahren stattfinden. 1420 schenkte Landesherr Graf Gerhard von Kleve den Ort dem Dominikanerorden zur Gründung eines Klosters. Im 15. Jahrhundert entstand die Kloster- und Wallfahrtskirche mit Querhaus, zweijochigem rechteckigem Chor und eindrucksvollen Wandgemälden.

- Vom Parkplatz Müllenbach (Wehrkirche, 13. Jahrhundert) gelangt man über ×3 und Rundwanderweg A 3 zum ältesten oberbergischen Bauernhaus in Dahl aus dem Jahr 1586, das als Außenstelle des Museums Schloß Homburg nach Renovierung besichtigt werden kann (s. S. 81). Auskunft: Schloss Homburg (0 22 93) 91 01-0; Fax (0 22 93) 91 01-40.

Brucher-Talsperre, Wupperverband, Brauchwasser, 1913, Mauer 25 m (über Gründung), 3,34 Mio. m^3

🚌 DB oder S-Bahn bis Gummersbach oder Remscheid-Lennep, weiter mit dem Bus 336 bis Marienheide, Auskunft: s. Impressum. Mit dem Auto A 45 bis Ausfahrt Meinerzhagen, B 55 bis Marienheide; A 4 bis Ausfahrt Gummersbach, B 55 und B 256 bis Marienheide, dann 2 km bis zur Talsperre.

🚶 Ausgedehntes Wanderwegenetz; die Wanderstrecke ×3 führt am Nordostufer entlang.

☞ Schloß Gimborn, die schöne Wasserburg (13. Jh.), ist nur von außen zu besichtigen. Aussichtstürme auf dem Unnenberg (506 m, höchste Erhebung im Oberbergischen Kreis) und auf dem Ellberg.

🏃 Wassersport: Paddeln, Rudern, Segeln, Tretboote, Segelschule; Information bei Gaststätte Bootshaus, Brucher Str., 51709 Marienheide, Tel. (0 22 64) 62 70. Wintersport: Skilanglauf Geevershagener Forst und Ortsteil Dannenberg, Rodeln Dannenberg, Skischule bei TV Rodt Müllenbach, Tel. (0 22 64) 82 37.

⛺ Auskunft erteilt die Gemeinde Marienheide, Tel. (0 22 64) 40 44-0 oder -1 11.

✕ Interessengemeinschaft Zeltplatz Bruchertalsperre e.V., Familie Frahseck, Müllenbacher Str. 27, 51709 Marienheide, Tel. (0 22 64) 78 18

🛏 Stiärt Lüdenscheid e.V., Brucherstr., Ansprechpartner: Klaus Gurski, Tel. (0 23 51) 94 82 21

Eine Talsperre für zwei Söhne

Streit- und raufsüchtig müssen die Herren vom Rittersitz Diepental am Murbach, der bereits im frühen 15. Jahrhundert erwähnt wurde, gewesen sein. Noch Ende des 18. Jahrhunderts klärten sie Fragen um das Jagdrecht mit ihren Nachbarn vom Haus Grünscheid lieber mit Faust und Prügel als vor dem Richter. Ihre Taten sind in einer kleinen Schrift von Alfred Schmidt aus dem Jahr 1925 nachzulesen, die im Café-Restaurant Talsperre Diepental für € 5,– angeboten wird.

Nach häufigem Besitzerwechsel im 19. Jahrhundert erwarb August Halbach nach dem Verkauf seines Landbesitzes für den Bau der Sengbach- (Solinger) Talsperre 1897 das Gelände von Haus Diepental. Die Idee des Talsperrenbaus hatte auch ihn angesteckt, und so ließ er zur Existenzsicherung seiner beiden Söhne am unteren Talausgang 1903 einen Damm bauen und das Wiesengelände überfluten. Der eine Sohn erhielt das ehemalige Gutshofgelände zum Aufbau eines großen Ausflugsrestaurants, der andere errichtete am Wehr ein Wasserkraftwerk, das Diepental und den Ort Pattscheid mit Strom versorgte. Diepental ist mit beiden Wirtschaftsbetrieben noch heute im Besitz der Familie Halbach. Seit 1951 liefert das E-Werk Strom an das RWE.

Das Café am See ist ein beliebtes Ausflugsziel, ein kleines Reich für viele Freizeitmöglichkeiten: Spazierengehen auf dem bequemen Rundweg am bewaldeten Ufer, Angeln, Schwimmen in einem neben der Talsperre angelegten Pool, Boots- und Velo-Verleih, Minigolf und ein geschützt gelegener Campingplatz.

Unsere Tips

- Der Rundwanderweg um die kleine Talsperre dauert 45 Minuten.
- Nordöstlich von Diepental liegt Witzhelden mit seiner Pfarrkirche von 1768 und ihrem behäbig wirkenden, romanischen Turm aus dem 12. Jahrhundert.
- Die Wanderstrecke ×30 des Sauerländischen Gebirgsvereins führt von Hilgen durch das Murbachtal über Diepental bis Leichlingen. Hier mündet im Ortsteil Balken der Murbach in die Wupper. Seiner Mündung gegenüber liegt auf einem Felsen Haus Vorst, eine Burg aus dem 13. Jahrhundert, die auf Wanderwegen von Leichlingen aus (schwarzes Dreieck) und der Brückenstraße (Zufahrt vom Ortszentrum Leichlingen aus) zu erreichen ist.
- Leichlingen ist als Zentrum der bergischen Obstanbau-Region bekannt (Leichlinger Obstkammer). Ein beliebtes Spektakel ist „Der Leichlinger Obstmarkt" am ersten Oktoberwochenende jeden Jahres. Auskünfte über den Verkehrs- und Verschönerungsverein Leichlingen, Tel. (0 21 75) 99 21 13.

Diepentalsperre, Familie Halbach, Brauchwasser, 1903,
Damm 16 m, 0,5 Mio. m³

Mit dem Bus, Auskunft: s. Impressum.
Mit dem Auto A 3, Ausfahrt Opladen, B 232 bis Pattscheid,
links abbiegen nach Diepental; oder A 3, Ausfahrt Langenfeld,
dann über Leichlingen L 294 nach Witzhelden, bei Bremersheide
rechts ab nach Diepental. A 1, Ausfahrt Burscheid, dann
B 232 bis Pattscheid, rechts ab nach Diepental.

Mit dem Rad von Witzhelden über Paffenloh ins Murbachtal nach
Diepental, weiter über Pattscheid bis Bergisch-Neukirchen;
von Leichlingen über Balken – ins Murbachtal Wietschermühle –
Diepental.

Wanderwege an der Diepentalsperre sowie bei Pattscheid, Witzhelden und Solingen oder im Gebiet von Widdert an der Wupper.

Café-Restaurant am See, Talsperre Diepental, 42799 Leichlingen,
Tel. (0 21 71) 3 02 14, Mo und Di Ruhetag.

Schwimmen, Bootsverleih, Minigolf.

Campingplatz am See, Tel. (0 21 71) 3 02 14.

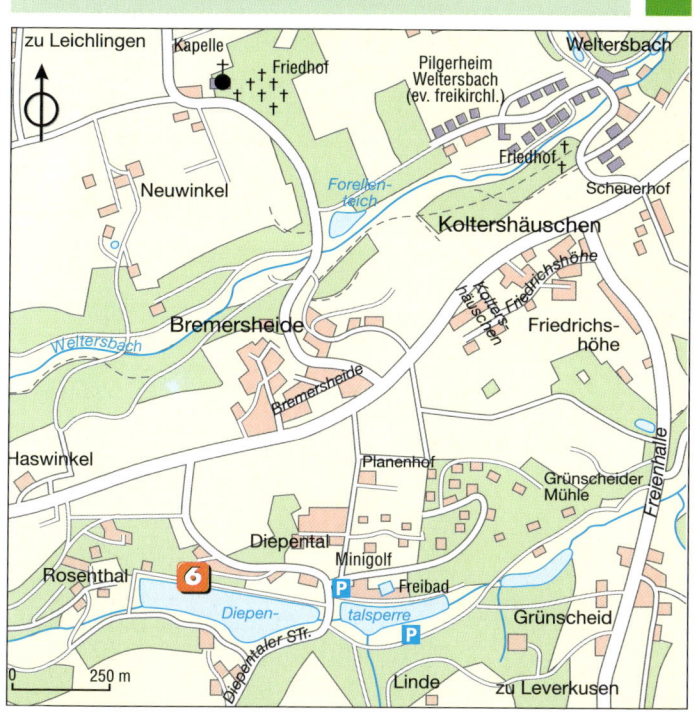

7

Energie aus Wasserkraft

Die Agger, ein kraftvolles Flüßchen, ist Hauptwasserader des Oberbergischen Landes und entspringt am Hang des Ebbegebirges bei Meinerzhagen, ganz in der Nähe der Wupperquellen. Auf ihrem 80 Kilometer langen Weg bis zur Mündung in die Sieg bei Siegburg lieferte sie früher zahlreichen Hammerwerken die Wasserkraft zum Schmieden des Eisens. Als später die Papier- und Textilindustrie nicht nur viel Wasser zum Waschen und Färben benötigte, sondern auch einen gleichmäßigen Antrieb für ihre Maschinen, wurden erste Turbinenanlagen an Stauteichen errichtet. Aber erst nach dem Bau der Agger-Sperrmauer (1927–1928) war eine regelmäßige Wasserzufuhr gesichert. In Dieringhausen errichtete das Kreiselektrizitätswerk 1928 das erste Wasserkraftwerk, bis 1935 kamen fünf weitere dazu. 1932 entstanden die Anlagen in Ehreshoven 1 bei Loope, 1933 in Ehreshoven 2 mit jeweils zwei Turbinen. 1935 übernahm das RWE, 2002 die Harpen AG, Dortmund, die Agger-Laufwasserkraftwerke, die von 1978–1987 modernisiert wurden.

Heute liefern alle neun Anlagen eine Jahreserzeugung von 15 Millionen kWh, mit der sie ca. 3.500 Haushalte versorgen können. Auch wenn die Aggerkraftwerke heute nur noch ca. 1,5 Prozent des Energiebedarfs aus ihrer Region decken, erfüllen sie eine ökologische und volkswirtschaftliche Aufgabe.

Unsere Tips

- Die beiden Kaplan-Turbinen des großen Kraftwerks am Stausee Ehreshoven 1 liefern eine Maximalleistung von 2,88 Millionen kWh. Das Kraftwerk kann besichtigt werden, Ansprechpartner für Gruppenführungen ist Herr Scholz, Tel. (0 22 61) 9 76-42 28. Ehreshoven 2 kann nicht besucht werden.

- Weil die Arbeitslöhne im Tal der Agger um 40 Prozent billiger als im Wuppertal waren, gründete der Vater des berühmten Sozialisten Friedrich Engels 1837 in Engelskirchen die Baumwollspinnerei Ermen & Engels. Bis 1979 wurde hier produziert, dann begann der Umbau der alten Werkanlagen. In die Gebäude zogen Stadtverwaltung, Polizei, Feuerwache, Bücherei und eine Außenstelle des Rheinischen Industriemuseums. Öffnungszeiten: Di bis Fr 10–17, Sa und So 11–18 Uhr, Tel. (0 22 63) 92 85-0. Zum historischen Oelchenshammer, der letzten wasserbetriebenen Schmiede im Leppetal, führt ein markierter Wanderweg. Öffnungszeit: So 11–18 Uhr.

- Ganz nah beim Stausee liegt Schloß Ehreshoven, eine der schönsten Wasserburgen Westdeutschlands, die Ende des 17. Jahrhunderts erbaut wurde.

Ehreshoven Stausee 1, Harpen AG Dortmund, Brauchwasser, 1932, Staubecken, 0,28 Mio. m³

🚌 DB ab Köln Hbf. Citybahn bis Gummersbach, Bf. Engelskirchen, dann Bus Richtung Overath, Haltestelle Ehreshoven, Auskunft: s. Impressum.
Mit dem Auto A 4, Ausfahrt Engelskirchen, dann B 55 Richtung Overath.

🚲 Radwege: Information beim Verkehrsamt Engelskirchen, Tel. (0 22 63) 8 31 37.

🚶 Großes Wanderwegenetz.

🍴 Café Schloßrestaurant, Ehreshoven, 51766 Engelskirchen-Loope, Di und Mi Ruhetag, Tel. (0 22 63) 22 04.

🛏 Hotel garni Karl Lenz, Staadter Weg 2, 51766 Engelskirchen-Loope, Tel. (0 22 63) 21 04, Fax (0 22 63) 4 74 54.

☞ Aggertalhöhle im Ortsteil Ründeroth. Geöffnet vom 15. März bis 1. November; Führungen, Tel. (0 22 63) 7 07 02.

Gebietsreform für eine Talsperre

52 Triebwerksbesitzer am Ennepelauf schlossen sich 1901 zur Ennepetalsperren-Genossenschaft zusammen und erteilten dem Aachener Talsperren-Experten Professor Intze den Auftrag für den Bau der bis dahin größten Sperre in der Region. Drei Hammerwerke, zwei Mühlen und ein Schleifkotten verschwanden in ihrem See. Zu ihrer Erbauung mußte eine Gebietsreform erst einmal dafür sorgen, daß die im Rheinland liegenden Uferstreifen nach Westfalen kamen. Trinkwasserversorgung des Kreises Schwelm, Aufhöhung der Ruhr bei Niedrigwasser, Triebwasser-Gewinnung für die Industrie und Stromerzeugung waren ihre Aufgaben. Nach der Erhöhung ihrer Mauer von 40 auf 50 Meter im Jahr 1912 steigerte man den Stauinhalt auf 12,6 Millionen Kubikmeter. 1997 übernahm der Ruhrverband die Talsperre und begann im selben Jahr mit der Sanierung der Staumauer, die im Laufe des Jahres 2003 beendet sein wird. Ein Kontroll- und Drainagestollen wurde unter dem Damm in den Gebirgsstock vorgetrieben. Eine besondere technische Leistung bedeutet es, daß für die Sanierungsarbeiten das Wasser der Sperre nicht abgelassen wurde, damit die Wasserversorgung von 170.000 Verbrauchern im Ennepe-Ruhr-Kreis gewährleistet war. Der Ruhrverband führt für interessierte Gruppen an der Sperrmauer Führungen durch, Tel. (02 01) 1 78-0 oder (0 23 51) 94 75 30.

Die Trinkwassersperre liegt weit entlegen von größeren Ortschaften inmitten einsamer Wald- und Wiesenregionen. Nach der Sanierung ist die Staumauer für Kraftfahrzeuge gesperrt, aber für Fußgänger begehbar.

Unsere Tips

- Zur Staumauer und teilweise am westlichen Ufer entlang führt die Hauptwanderstrecke ×13 des Sauerländischen Gebirgsvereins von Hagen nach Halver.

- Radevormwald und Breckerfeld sind zwei alte Städtchen, die mit ihren schön erhaltenen Ortskernen zum Besuch einladen. Radevormwald ist mit 400 Metern die höchstgelegene Stadt im Bergischen Land. Weithin sichtbar sind die Türme ihrer vielen Kirchen. Bekanntes Fotomotiv ist das Rokoko-Gartenhäuschen in einer Parkanlage an der Grabenstraße. Es kann für private Feste oder kleine Tagungen gemietet werden! Reservierung über die Kulturverwaltung, Tel. (0 21 95) 6 06-4 02.

- Ein besonderes Vergnügen ist der traditionelle Erntezug am Erntedanktag im Ortsteil Önkfeld, der von den Bewohnern der umliegenden Hofschaften mit großer Liebe ausgestattet wird.

Ennepetalsperre, Ruhrverband, Trinkwasser, 1904,
Mauer 50,93 m, 12,6 Mio. m^3

Mit dem Auto A 1, Ausfahrt Gevelsberg, dort B 7 bis Ennepetal,
dann ca. 12 km im Tal der Ennepe bis zur Sperrmauer.

Radwandern: Einsame, sehr schöne Straße im Tal der Ennepe von
Altenvoerde bis Wellingrade, ab Sperrmauer z. T. erhebliche
Steigungen.

Heimatmuseum in Radevormwald, Hohenfuhrstr. 8,
42477 Radevormwald, Öffnungszeiten: So 15 – 17 Uhr und
nach Vereinbarung, Tel. (0 21 95) 21 82.
Haus Martfeld in Schwelm. Stadtgeschichtliches Museum in der
alten Wasserburg, ehemaliger Rittersitz der Grafschaft Mark,
1431 urkundlich erwähnt. Öffnungszeiten: Mi, Fr, Sa 10 – 13 und
So 11 – 18 Uhr, Tel. (0 23 36) 91 44 37.

Landhaus Filde, Filde 9, 42477 Radevormwald,
Tel. (0 21 95) 10 24, Fax (0 21 95) 83 18.

Landhotel Zur Hufschmiede, Neuenhof 1, 42477 Radevormwald,
Tel. (0 21 95) 82 38, Fax (0 21 95) 87 42.

Segelfliegen: Flugplatz Leye bei Wellingrade (B 483);
Flugplatzgemeinschaft Berg-Mark, Tel. (0 21 95) 84 09.

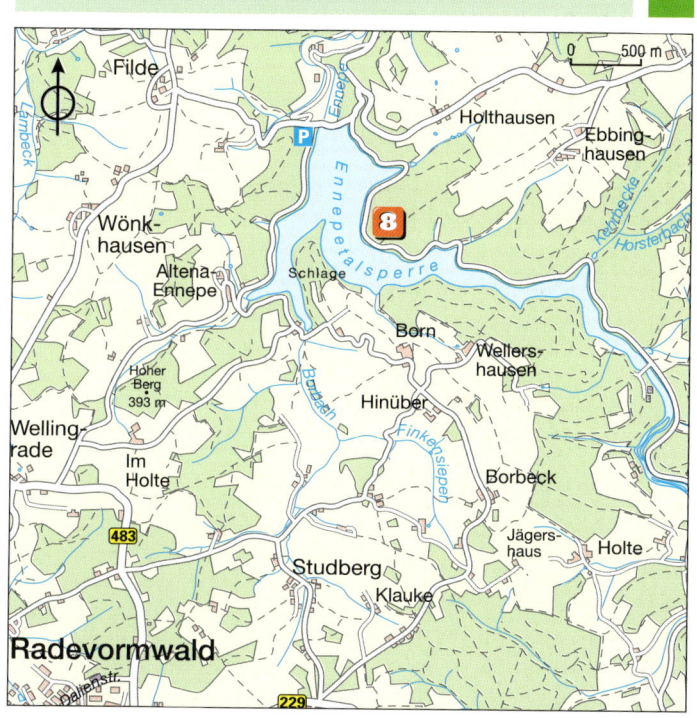

9

Pioniertat im Eschbachtal

Ihrem weitsichtigen Bürger und Unternehmer Robert Böker (1843–1912), setzten die Remscheider am Talsperrenufer ein Denkmal, und den Erbauer der ersten Trinkwassersperre überhaupt, Professor Otto Intze, machten sie zum Ehrenbürger. Beiden war es gelungen, die Bürgerschaft der rasend schnell gewachsenen Industriestadt (8.800 Einwohner im Jahr 1825, 30.000 im Jahr 1880) zu überzeugen: Nur eine Talsperre würde die allsommerliche Trinkwassernot besiegen. Im oberen Eschbachtal fand sich die günstigste Stelle für den Mauerbau, der im Sommer 1891 vollen-

det war. Die endgültige Genehmigung zum Betrieb der Anlage erfolgte am 12. Januar 1892, aber erst am 3. Juni 1893, zwei Jahre nach Fertigstellung, fand die feierliche Einweihung der ersten Trinkwassersperre Deutschlands statt.

Es sollte noch weitere drei Jahre dauern, bis Prinz Leopold von Preußen hierher kam, und 1899 besichtigte endlich auch Kaiser Wilhelm II. das mittlerweile weltberühmte Vorbild aller späteren Talsperren, die mit einer Mauer abschlossen und zugleich als ein „einzigartiger neuzeitlicher Schmuck" der Landschaft galten. Der Typus „Intze-Mauer" wurde übrigens bis 1913 noch 25mal im damaligen Deutschen Reich konstruiert; erst später ging man zum Dammbau über.

Unsere Tips

- Der ganz ruhige, waldreiche und ufernahe Rundweg (90 Minuten) um die Remscheider Talsperre und über ihre 1991 sanierte Mauer ist in wenigen Schritten vom Parkplatz des Autobahn-Hotels an der Raststätte Remscheid (A 1) aus zu erreichen. Er kreuzt am oberen Ende der Talsperre im Wald Reste der mittelalterlichen Handels- und Hansestraße Köln – Dortmund. Am nördlichen Ufer der Sperre erinnert das „Steinerne Kreuz" (aus der ersten Hälfte des 16. Jahrhunderts) an einen Mord, an den sich eine Sage knüpft, die mit Schillers Ballade „Die Kraniche des Ibikus" verwandt ist: Krammetsvögel (Drosseln) seien im Vorbeiflug Zeugen der Greueltat geworden. Als die Mörder später in einem Bergisch-Borner Gasthaus Krammetsvögel serviert bekamen, verrieten sie sich durch den Ausruf: „Die werden uns nicht mehr gefährlich!"

- Unterhalb der Talsperrenmauer, etwa 15 Gehminuten entfernt, befindet sich das idyllisch gelegene beheizte Freibad Eschbachtal mit langer Wasserrutsche. Die Stadt Remscheid baute es 1912 als eines der ersten künstlichen Freibäder in Deutschland.

Wissenswertes

Eschbach- (Remscheider) Talsperre, ewr GmbH Remscheid,
Trinkwasser, 1889 – 1891, Mauer 20 m, 1,077 Mio. m³

🚌 DB Remscheid Hbf., Buslinien 652, 673 von Remscheid oder
Wermelskirchen bis Talsperre, Auskunft: s. Impressum.
Mit dem Auto A 1, Parkplatz an der Raststätte Remscheid.

🚶 Rundwanderwege von der Talsperrenmauer aus;
×19 führt durch das Eschbachtal nach Schloß Burg.

🏛 Historisches Zentrum und Deutsches Werkzeugmuseum
Remscheid-Hasten in einem der schönsten Barockhäuser des
Bergischen Landes, Cleffstr. 2-6, 42855 Remscheid,
Tel. (0 21 91) 16-25 19.
Deutsches Röntgen-Museum in der Altstadt Remscheid-Lennep,
Schwelmer Str. 41, 42857 Remscheid, Tel. (0 21 91) 16-33 84.

🍴 Restaurant Mebus-Mühle mit Biergarten, Mebusmühle,
42859 Remscheid, Tel. (0 21 91) 3 25 34, Mo und Di Ruhetag.

🛏 Information Stadt Remscheid, Repräsentation/Öffentlichkeitsarbeit
Remscheid, Tel. (0 21 91) 16-22 19; Fax (0 21 91) 16-32 86.

☞ Schloß Burg, Schloßplatz 2, 42659 Solingen (s. S. 105).
Müngstener Brücke (s. S. 73).

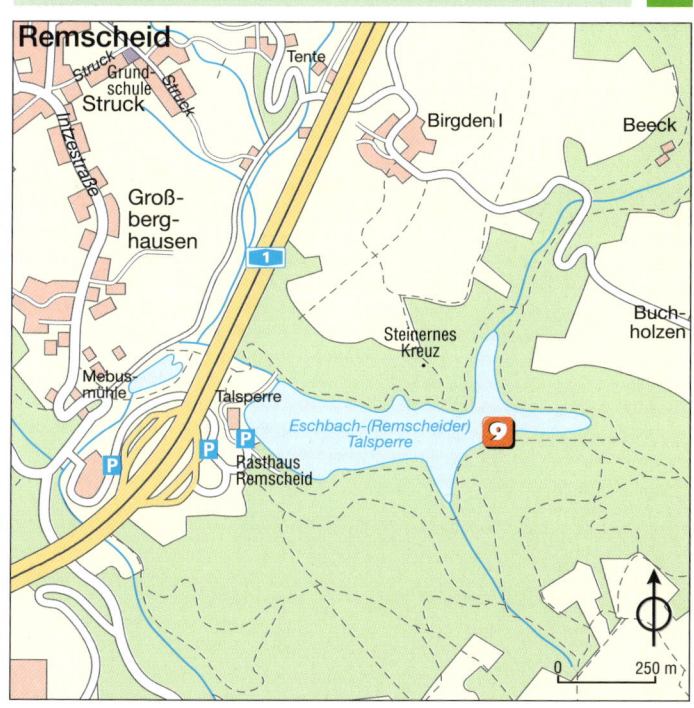

41

In tiefen Wäldern verborgen

Im Sommer 1947 standen die Gummersbacher Schlange an öffentlichen Zapfstellen – wieder einmal hatte eine extreme Hitze- und Trockenperiode die Wasserversorgung zum Erliegen gebracht. Nun wurden die Pläne des 1943 gegründeten Aggerverbandes beschleunigt: Im Genkeltal unmittelbar oberhalb der 1928 erbauten Agger-Talsperre sollte eine Trinkwassersperre errichtet werden.

1950–1952 wurde nach den Entwürfen von Aggerverbands-Geschäftsführer August Johanßen ein 200 Meter langer Steinschüttdamm mit Asphaltbeton-Außendichtung errichtet. 1953 nahm man die Genkel-Sperre dann in Betrieb. Eine Betonrohrleitung mit einem Durchmesser von 1,60 Metern und ein 800 Meter langer Stollen leiten zusätzlich vom Stausee bei Badinghagen Wasser aus dem oberen Aggertal in die Genkel-Talsperre und vergrößern so ihr Niederschlagsgebiet von 11,5 Quadratkilometer auf 15,5 Quadratkilometer.

Zusammen mit der Wiehl-Talsperre liefert die Genkel-Talsperre Rohwasser für die Trinkwasserversorgung des Aggerverbandes und verfügt über ca. 25 Millionen Kubikmeter Wasser für 500.000 Menschen.

Unsere Tips

- Wie die Wipper entspringt die Genkel in der Nähe von Meinerzhagen am Südwesthang des Ebbegebirges. Ihre Talsperre liegt fast schluchtartig eingebettet zwischen mehr als 400 Meter hohen Bergen. Eine Umrundung lohnt der „tiefen Blicke" wegen. Ausgangspunkte sind Bredenbruch an der Agger-Vorsperre oder der Wanderparkplatz beim Naturfreundehaus Heed südlich von Meinerzhagen. Der Staudamm der Genkel-Talsperre ist nicht begehbar.

- 506 Meter hoch überragt der Unnenberg die Höhen des Oberbergischen Landes. Von seinem Aussichtsturm hat man großartige Weitsicht, nach Westen bis zum Siebengebirge.

- Ein lohnender Höhenweg von Meinerzhagen nach Eckenhagen (×19) führt in der Nähe von Genkel- und Agger-Talsperre durch den alten Ort Lieberhausen mit seiner berühmten „Bonten Kerke". Wie ein einzigartiges Bilderbuch erzählen die Wandmalereien aus dem 15. und 16. Jahrhundert von den wichtigsten Ereignissen der Biblischen Geschichte, illustrieren die Zehn Gebote und zeigen Höllenrachen, Apostel und Schutzheilige.

Genkel-Talsperre, Aggerverband, Trinkwasser, 1953, Damm 41 m, 8,18 Mio. m^3

🚌 Mit dem Auto A 4, Ausfahrt Gummersbach, dann B 55 bis Niederseßmar, dort Richtung Meinerzhagen bis Agger-Talsperre bzw. Lantenbach, Bredenbruch zur Genkel.
Von Marienheide B 256 über Müllenbach oder Becke zur Genkel- und Agger-Talsperre.
Von Meinerzhagen zum Parkplatz Heed (Naturfreundehaus) an der Straße Schlenke – Gummersbach.

🚶 Ausgedehnte Wandermöglichkeit (Wanderkarte hilfreich).

✕ Einkehrmöglichkeiten an der oberen Agger-Talsperre in Bruch, Bredenbruch und Lantenbach.

🛏 Hotel-Restaurant-Café Landgasthof Reinhold, An der Bonten Kerke, Kirchplatz 2, 51647 Gummersbach-Lieberhausen, Tel. (0 23 54) 52 73, Fax (0 23 54) 58 73.

☞ Auskunft beim Städt. Verkehrsamt Gummersbach, Rathaus, 51643 Gummersbach, Tel. (0 22 61) 87-4 04.

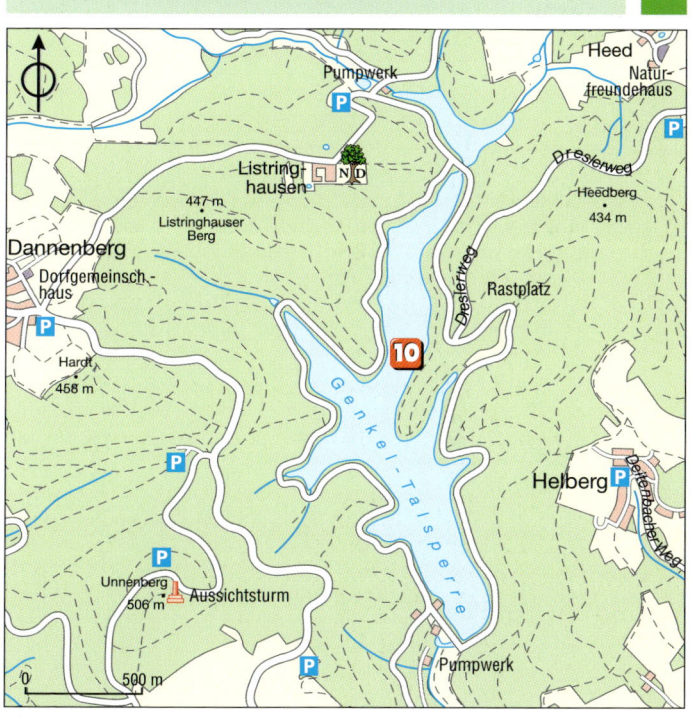

Ökologie und Wasserschutz

Von 1960–1962 dauerte die Bauzeit der kleinen Dhünn-Talsperre mit einem Fassungsvermögen von 3,5 Millionen Kubikmetern im oberen Dhünntal. Als 1975 ihre Erweiterung zu einer der größten Trinkwassersperren Deutschlands mit ca. 81 Millionen Kubikmetern begann, war bereits das ökologische Bewußtsein gewachsen. Ein landschaftspflegerischer Begleitplan stellte deshalb von Anfang an Ausgleichsmaßnahmen für die erheblichen Landschaftseingriffe sicher. An 15 Vorstauanlagen wurden Biotope eingerichtet und ein „Wasserschutzwald" in drei Stufen an ihren Ufern aufgeforstet. Gegen die Laubeinwehung auf die Wasserfläche dient ein Fichtenstreifen direkt am Ufer.

Der Wupperverband beliefert mit dem Wasser gleich vier Städte (Wuppertal, Remscheid, Solingen und Leverkusen); für Düsseldorf stellt er bei einem Ausfall der Trinkwassergewinnung aus dem Rheinuferfiltrat eine Notversorgung von zehn Millionen Kubikmetern zur Verfügung. Darüber hinaus gehören Hochwasserschutz und Niedrigwasseraufhöhung der Dhünn zu den Aufgaben der Großen Dhünn-Talsperre.

Unsere Tips

- Die uferfernen Wanderwege haben viele schöne Aussichtspunkte. Sie führen über den großen Damm bei Lindscheid und über den kleinen an der Vorsperre (früher Dhünn-Talsperre). Führungen und Informationsveranstaltungen über die Dhünn-Talsperre organisiert der Wupperverband, Tel. (02 02) 5 83-0.

- Etwa sieben Kilometer unterhalb des Dhünn-Staudamms befindet sich der Altenberger Dom, neben Schloß Burg das bekannteste Ausflugsziel im Bergischen Land. Die Zisterzienserbasilika mit ihrem berühmten Westfenster wurde von 1259–1379 gebaut und ist Grabkirche der Bergischen Grafen und Herzöge. Besichtigungen sind mit Einschränkungen auch während der umfangreichen Restaurierungsarbeiten möglich.

- Für Kinder und alle, die ihre Kindheit nicht vergessen haben, ist ein Besuch des liebevoll eingerichteten Märchenwaldes am nördlichen Parkplatz von Altenberg zu empfehlen, Tel. (0 21 74) 4 04 54. Er ist ganzjährig von 9–19 Uhr bzw. bis zur Dunkelheit geöffnet. Das dazugehörige Restaurant ist von März bis Oktober geöffnet.

- Der historische Ortskern der Gemeinde Odenthal, zwei Kilometer von Altenberg dhünnabwärts, wirkt mit der romanischen Pfarrkirche St. Pankratius sehr idyllisch. Die Wermelskirchener Ortsteile Dhünn und Dabringhausen sind durch alte Schiefer- und Fachwerkhäuser geprägt. Ihre Kirchen stammen aus der zweiten Hälfte des 18. Jahrhunderts. Lohnend ist auch ein Besuch in Kürten, dessen Pfarrkirche einen romanischen Turm aus dem 11. Jahrhundert hat.

Große Dhünn-Talsperre, Wupperverband, Trinkwasser, 1975–1985, Damm 63 m (über Gründung), 80,3 Mio. m³

🚌 Mit dem Bus 263 von Wermelskirchen über Dabringhausen bis Lindscheid, Auskunft: s. Impressum.
Mit dem Auto A 1, Ausfahrt Burscheid oder Wermelskirchen, B 51 bis Hilgen, rechts ab Landstraße über Dabringhausen und Ketzberg zum Staudamm in Lindscheid.

🚶 Ausgedehntes Wanderwegenetz von mehr als 20 Parkplätzen aus. Empfehlenswert: Wanderkarte „Die große Dhünn-Talsperre", Maßstab 1:30.000, herausgegeben vom Wupperverband in Zusammenarbeit mit dem Sauerländischen Gebirgsverein (SGV).

🏛 Das Bergische Freilichtmuseum in Lindlar wurde im Sommer 1998 eröffnet, Tel. (0 22 66) 47 19 20.

✕ In der weiteren Umgebung der Großen Dhünn-Talsperre gibt

🛏 es zahlreiche Gasthöfe und Restaurants.
Auskunft erteilen LindlarTouristik, Tel. (0 22 66) 9 64 07, und die Stadtverwaltung Wermelskirchen, Tel. (0 21 96) 7 10-0 oder 7 10-1 03, Fax (0 21 96) 7 10-5 55.

Großelterns Sonntagsausflug

Oberhalb der Staumauer schaut aus den Bäumen der verschieferte Giebel des Talsperren-Restaurants heraus. Da werden Erinnerungen an alte Zeiten wach, denn die Talsperren-Erbauer errichteten solch eine Gaststätte im Landhaus-Stil der Gründerzeit in der Nähe fast jeder Sperrmauer. In den 60er und 70er Jahren verschwanden nach und nach die Ausflugslokale, die Generationen von Spaziergängern und Familienausflüglern willkommene Rast geboten hatten. An der Heilenbecke Talsperre, die man in ca. einer Stunde umrunden kann, ist dieser Charme der guten alten Zeit noch zu finden. Im Café-Restaurant Heilenbecke Talsperre, Tel. (0 23 33) 60 36 66 (Donnerstag Ruhetag), mit seiner Sonnenterrasse kann man dann gemütlich speisen und dem Alltag entfliehen.

Auch diese Talsperre war ursprünglich nicht zur Erholung gedacht. Im Bachtal produzierten Ende des 19. Jahrhunderts 21 Hammerwerke und Schleifkotten mit Energie aus Wasserkraft. Da die kleine Heilenbecke jedoch im Sommer öfter austrocknete, so daß die Arbeit stillstehen mußte, entschlossen sich 1884 die Besitzer der eisenverarbeitenden Werke, gemeinsam einen „Sammelteich" zu bauen.

Im nahen Milspe hielt der Aachener Professsor Intze einen Vortrag über eine geeignete Mauer, und zehn Jahre später, im Herbst 1894, konnte ihr Bau beginnen. Sie kostete vor 100 Jahren „nur" 215.000 Mark und wurde 1896 als erste westfälische Talsperre eröffnet. Die Mauer wurde 1988–1989 saniert.

Heute betreibt die Talsperre eine Wasserkraftanlage und stellt Rohwasser für die Trinkwasseraufbereitung des Wasserbeschaffungsverbandes Ennepetal-Milspe bereit.

Unsere Tips

- Die heilende Luft der erst 1950 entdeckten Kluterthöhle machte die kleine Stadt Milspe an der Mündung der Heilenbecke in die Ennepe berühmt. Die größte Naturhöhle Deutschlands mit 360 erforschten Gängen und einer Gesamtlänge von mehr als sieben Kilometern ist anerkanntes Heilbad des Deutschen Bäderverbandes und eine Naturheilstätte für Asthmakranke. Äußerst beliebt sind aber auch ihre Erlebnisführungen bei Schulklassen, Gruppen, Hobbyforschern und Kindergeburtstagsgesellschaften. 90 Minuten lang können ihre Gänge eher durchkrochen als durchwandert werden. Alte Kleidung ist zu empfehlen! Voranmeldung, Tel. (0 23 33) 9 88 00, Fax (0 23 33) 7 33 73. Einzelführungen sind das ganze Jahr über täglich jeweils zur vollen Stunde von 10 – 16 Uhr möglich.

- Aus den Orten Milspe und Voerde entstand 1949 die Stadt Ennepetal mit heute 35.000 Einwohnern. Im Straßen-Museum mit Informationstafeln und technischen Kulturdenkmälern erhält man bei einem Spaziergang Einblick in die Geschichte ihrer 400jährigen „Eisenzeit".

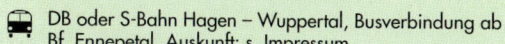

Heilenbecke Talsperre, Heilenbecke-Wasserverband, Brauchwasser, 1896, Mauer 21,32 m, 0,45 Mio. m³

🚌 DB oder S-Bahn Hagen – Wuppertal, Busverbindung ab Bf. Ennepetal, Auskunft: s. Impressum.
Mit dem Auto A 1, Ausfahrt Wuppertal-Ost, auf der B 7 über Schwelm nach Ennepetal, dort Richtung Radevormwald durchs Heilenbecker Tal. Von Radevormwald auf der B 483 Richtung Schwelm, in Hofschaft Schlagbaum rechts ab Richtung Ennepetal und Rüggeberg, nach ca. 3 km rechts ab zur Heilenbecke Talsperre.

🚶 Rundwanderweg ab Parkplatz Staumauer;
Wanderwege im Hülsenbecker Tal ab Parkplatz Hülsenbecke.

🏛 Haus Martfeld in Schwelm, Wasserburg (15. Jh.) und Heimatmuseum (s. S. 37).
Remlingrade, alte Dorfkirche (18. Jh.).

☞ Im Heilenbecker Tal Minigolf, Ponyreiten, Forellenzucht mit Räucherei.

☞ Partyservice Kopp, Tel. (0 23 33) 7 45 34. Verkauf auch So bis 17 Uhr.

☞ Auskunft beim Haus Ennepetal, Geeststr. 10, 58256 Ennepetal, Tel. (0 23 33) 98 80-0.

Wissenswertes

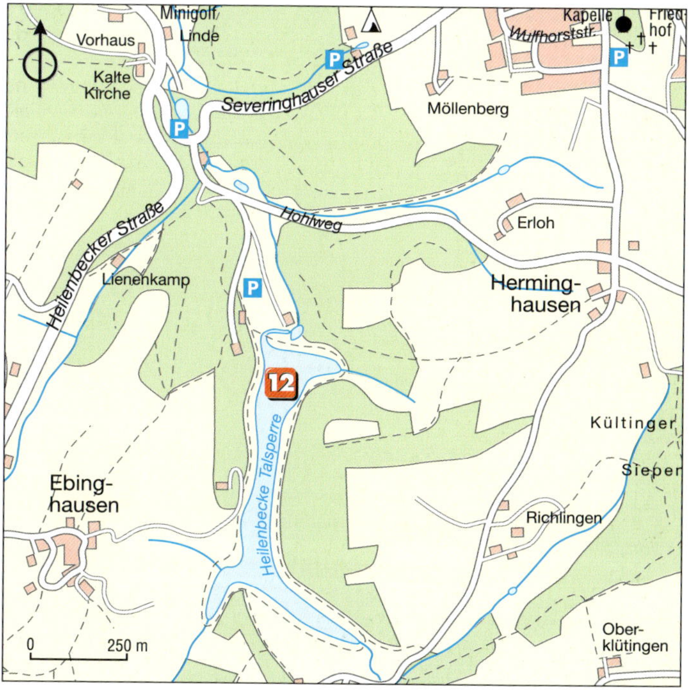

Trinkwasser-Fluß im freien Gefälle

Die Stadt Wuppertal bezieht Trinkwasser für ca. 400.000 Einwohner aus drei „Quellen". Seit mehr als 100 Jahren liefert das Wasserwerk Benrath aufbereitetes Rheinuferfiltrat an Elberfeld und die westlichen Ortsteile, seit 1988 kommt ein Kontingent aus der Großen Dhünn-Talsperre. Barmen und die östlichen Stadtteile erhalten ihr Trinkwasser aus der Herbringhauser Talsperre. Auch ihre Staumauer ist ein „Intze-Modell" und wurde von 1898–1900 im Herbringhauser Bachtal südlich von Barmen errichtet. Eine Mauererhöhung vergrößerte 1933 ihr Volumen von 2,5 Millionen auf ca. 2,9 Millionen Kubikmeter. Seit 1913 erhält Barmen zusätzlich Wasser aus der Kerspe-Talsperre, die weit abgeschieden zwischen Wipperfürth und Kierspe liegt. Im freien Fluß gelangt das Wasser durch einen Stollen zum Wasserwerk an der Herbringhauser Talsperre. Das Wasser aus der 1926–1927 durch einen Dammbau gebildeten „Unteren Herbringhauser Sperre" mit einem Volumen von 200.000 Kubikmetern wird nicht mehr zur Trinkwasserversorgung genutzt.

Unsere Tips

- Ca. eine Stunde braucht das Rohwasser aus der Talsperre für seinen Weg durch drei Filterstufen, bis es das Wasserwerk am Fuß der Herbringhauser Mauer als Trinkwasser verläßt. Von 1991–1995 erweiterten die Stadtwerke Wuppertal das Wasserwerk in seinem schönen alten Gebäude unterhalb der Staumauer auch unterirdisch und statteten es mit modernster Wasser-Aufbereitungstechnologie aus. Bei einer Gruppenführung (nur an Wochentagen) kann man miterleben, wie riesige Siebtrommelanlagen mit mikrofeinen Netzen erste Schmutzpartikel abfiltern, bevor das Wasser durch ein Agglomerationsbecken, acht Doppelfilterbecken und die Reaktionsbehälter für die Ozonzufuhr (Entkeimung), danach über Aktivkohle und schließlich über die historische Filterstufe 3 unter dem Hallendach zu den Rein-Wasserbehältern fließt. Im Schnitt liefert das Wasserwerk 2.400 Kubikmeter pro Stunde.

- Über die Sperrmauer führt ein 4,3 Kilometer langer Rundwanderweg. Man erreicht ihn zu Fuß von der Ortschaft Kemna an der Wupper oder über schöne Höhenwege vom Gasthof Olper Höhe bei Remscheid-Lüttringhausen aus.

Herbringhauser (Barmer) Talsperre, Wuppertaler Stadtwerke AG, Trinkwasser, 1898–1900, Mauerhöhe 33,5 m, 2,9 Mio. m³

🚌 Vom Bf. Wuppertal-Oberbarmen Buslinie 616 Richtung Wuppertal-Beyenburg bis Haltestelle Kemna, dann 3 km Wanderweg. Von Remscheid-Lennep bzw. Wuppertal-Beyenburg mit der Buslinie 669 oder mit PKW auf der L 411 (alte Handelsstraße der Hanse Köln–Dortmund), bei Haltestelle Trompete den Schildern zum Wasserwerk folgen. Auskunft: s. Impressum.

🚶 Wanderwege (s. Unsere Tips).

✕ Gaststätte Olper Höhe, Olper Höhe 9, 42899 Remscheid-Lüttringhausen, Tel. (0 21 91) 5 16 88, Di Ruhetag.

🛏 Auskunft: Informationszentrum der Stadt Wuppertal, Tel. (02 02) 1 94 33, Fax (02 02) 5 63 80 52.

☞ Gruppenführung Wasserwerk Herbringhausen, Tel. (02 02) 5 69 37 48 an Wochentagen und nach Anmeldung.

☞ Schwebebahnfahrt ab Wuppertal-Oberbarmen.

☞ Besuch des Wuppertaler Zoos.

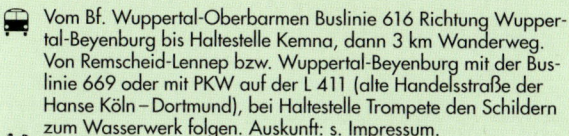

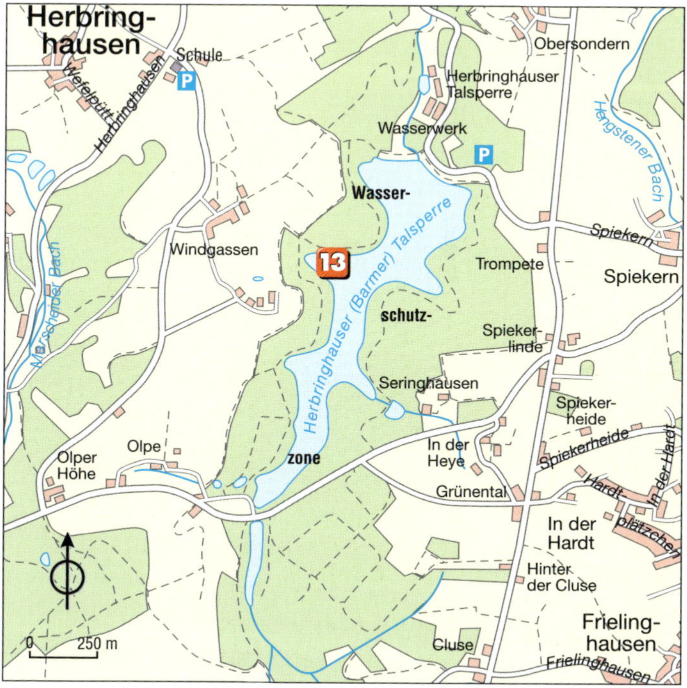

Boot fahren auf altem Mühlenteich

Als 1925 die Straße von Siegburg nach Much gebaut wurde, errichtete der Vater des heutigen Besitzers Gerd Schwamborn das Gasthaus Herrenteich an dem alten Teich der Broicher Mühle. Diese wird im Jahre 1555 zum ersten Mal urkundlich erwähnt, sie arbeitete zunächst als Knochenmühle zur Leim- und Seifenherstellung, später dann als Kornmühle bis ins 20. Jahrhundert. Ihre schön restaurierten Gebäude liegen links vom Staudamm des Herrenteichs hinter einem stattlichen Torbogen und werden heute privat genutzt.

Das Gasthaus Herrenteich erhielt seinen Namen in Erinnerung an viele Herrensitze und Burganlagen im Gemeindegebiet. Im freundlichen Gastraum blickt man auf den idyllisch gelegenen See und das kleine Schilfmeer am Einlauf des Wahnbachs. Im Gasthaus können Boote zum Rudern gemietet werden.

Unsere Tips

- Schräg gegenüber vom Herrenteich liegt die Kreuzkapelle. Ihr Turmdach überragt ein wenig die Bäume am Hochufer des Wahnbachtals. Sie stammt aus dem 12. Jahrhundert und ist vermutlich eine Taufkapelle gewesen. Der Wanderweg vom Herrenteich über Sommerhausen nach Much führt an der Kreuzkapelle vorbei zum Gasthaus Herrenteich zurück (ca. zehn Kilometer).

- Noch sieben andere Kapellen befinden sich im Gemeindegebiet von Much. Bis auf die Hohrer Kapelle Maria in Not aus dem 17. Jahrhundert und die Germanakapelle in Wersch aus dem 18. Jahrhundert stammen sie aus den letzten 90 Jahren.

- Much (13.800 Einwohner) entstand an einem alten Fernhandelsweg, der sogenannten Zeitstraße. Der Ort wurde früher durch Landwirtschaft geprägt, zeitweilig auch vom Bergbau in Bleizinkgruben. Much geht auf eine bereits im 16. Jahrhundert zerstörte Burg zurück, die nordöstlich der Kirche gestanden hat. In der Wahnbachniederung wurde im 12. Jahrhundert die Wasserburg Overbach errichtet. Ihr Hauptgebäude steht noch und ist heute im Besitz des Golfclubs Burg Overbach. Urkundlich wird der Vorgängerbau der leuchtend rot verputzten Mucher St. Martin-Kirche auf das Jahr 1096 zurückgeführt; die heutige dreischiffige Basilika entstand in der zweiten Hälfte des 12. Jahrhunderts.

Herrenteich Wahnbachtalsperrenverband WTV, alte Mühlen-Stau-
seeanlage, nachgewiesen seit 1555

🚌 Buslinie 477 von Siegburg oder Much,
Auskunft: s. Impressum.
Mit dem Auto A 4 Köln – Olpe, Ausfahrt Overath, dann 11 km
nach Much, oder Ausfahrt Bielstein, dann B 56 nach Much,
dort abbiegen Richtung Kreuzkapelle, Herrenteich (4 km).

🚶 110 km großes Wanderwegenetz.

🏛 Schloß Homburg bei Nümbrecht, Museum des Oberbergischen
Kreises, Öffnungszeiten: April bis Oktober, Di bis Sa 10 – 17,
So 10 – 18 Uhr, Tel. (0 22 93) 91 01-0.

✕ Gasthaus Herrenteich, Kreuzkapelle 1, 53804 Much,
Tel. (0 22 45) 7 50, Do Ruhetag.

🛏 Auskunft beim Fremdenverkehrsamt Much, Tel. (0 22 45) 68 39.

☞ Die Wiehler Tropfsteinhöhle (13 km entfernt) ist vom 15. März bis
31. Oktober täglich von 9 – 17 Uhr, vom 1. November bis
14. März nur Sa und So von 11 – 16 Uhr geöffnet,
Tel. (0 22 62) 79 20.

🏃 Rudern (Bootsverleih), Gasthaus Herrenteich, Tel. (0 22 45) 7 50.

Haltestelle der Postkutsche

Die ältesten Teile der Mühle im Bröltal am Fuß des Homburger Schloßbergs stammen wahrscheinlich aus dem 11. Jahrhundert. Grabungen bestärkten die Vermutung, daß die Mühle zu einer Wasserburg gehörte, die das alte Rittergeschlecht Holstein im 9. Jahrhundert anlegte. Die Grundmauern zu dieser Burg sind von Rasen überwachsen, so geht es aus dem Prospekt des alten Gasthofs hervor. Reste der Verteidigungsanlage, ein Brunnenbecken,

Rohrleitungen aus ausgehöhlten Eichenstämmen und der mit Schilf bewachsene Wassergraben weisen auf die Existenz der „untergegangenen" Wasserburg hin.

Bis zum Jahr 1969 gehörten die Gebäude der alten Mühle dem Fürsten Sayn-Wittgenstein-Berleburg. Sie wurde als Mehl- und Sägemühle genutzt. Im Mühlsaal stehen Schrotmühlensockel, Treibriemen und Sägegatter noch an ihrem Platz. Spezialität des Hauses: Herdplattenfleisch und Brot aus dem eigenen, alten Backhaus. Draußen verführen die schmalen Uferwege der Mühlenteiche zum romantischen Träumen, z. B. von der Postkutschenzeit.

Unsere Tips

- Freitags, samstags und sonntags gegen 15 Uhr, gerade zur rechten Bergischen Kaffeetafelzeit, hält vor dem historischen Gasthof Holstein's Mühle im Sommer die Oberbergische Postkutsche auf ihrem Rückweg vom Hotel zur Post in Wiehl nach Nümbrecht. Die Attraktion von Nümbrecht und Wiehl ist ein Nachbau der kaiserlichen Post um 1871. Die Kutsche fährt mit zwei PS und fröhlichem Posthorn-Geschmetter auf kleinen Sträßchen durch Felder, Wiesen und Auen und hat Platz für neun Personen. Fahrscheine müssen bei der Kur- und Gästeinformation Nümbrecht, Tel. (0 22 93) 90 94 80, Fax (0 22 93) 90 94 89, vorbestellt werden.

- Die Wanderstrecke × 11 führt in 15 Minuten durch den Wald hinauf zum Schloß Homburg, vorbei an den „Dicken Steinen", hohen Quarzitblöcken, deren Herkunft noch nicht geklärt ist. Das Schloß der Grafen Sayn (später Sayn-Wittgenstein-Berleburg-Homburg) wird 1276 zum ersten Mal erwähnt. Im 17. und 18. Jahrhundert wurde es erweitert, seine Türme erhielten Barockhauben. Das Schloß ist heute Museum des Oberbergischen Kreises (s. S. 61). Großen Trubel gibt es alljährlich am 1. Mai beim Mittelalterlichen Burgmarkt. Weihnachtsmarkt ist immer am 2. Adventswochenende.

Holstein's Mühle, Mühlenteiche

🚌 Mit der Postkutsche (s. Unsere Tips).
Buslinie, Auskunft: s. Impressum.
Mit dem Auto A 4, Ausfahrt Gummersbach, Richtung Wiehl,
von der Straße Wiehl – Nümbrecht kurz vor Schloß Homburg
im Tal der Bröl rechts ab zur Holstein's Mühle.

🚶 Wanderparkplatz für Rundwege bei Holstein's Mühle.

🏛 Die Wiehler Tropfsteinhöhle ist auch Station der Postkutsche,
Öffnungszeiten s. S. 61.
Werks-Museum „Achse, Rad und Wagen" der Fa. BPW Bergische
Achsen KG, geöffnet Sa 14.30 – 17.30 Uhr, Tel. (0 22 62) 78 12 80,
am Ortsausgang von Wiehl an der L 336.
Heimatstube der Siebenbürger Sachsen, Kulturhaus Drabender-
höhe, Führung nach Vereinbarung, Tel. (0 22 62) 59 15.

✕ Holstein's Mühle, 51588 Nümbrecht, Tel. (0 22 93) 69 56,
Fax (0 22 93) 10 22.

🛏 Hotel Holstein's Mühle (s. o.) sowie in Wiehl, Auskunft beim
Verkehrsamt, Tel. (0 22 62) 99-1 95, und in Nümbrecht, Auskunft
bei der Kur- und Gästeinformation, Tel. (0 22 93) 90 94 80.

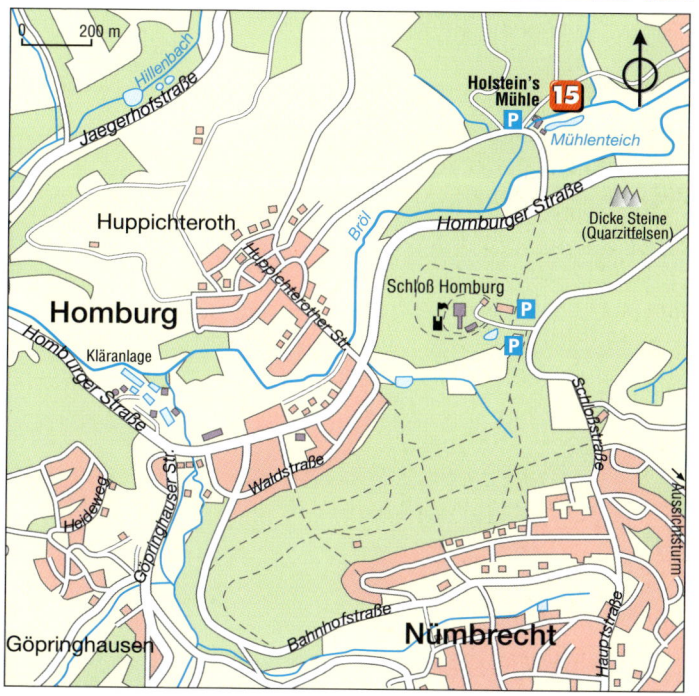

Ein Schwimmbad als Geschenk

Gerade richtig für heiße Sommertage: Das große Freibad im tief eingeschnittenen Tal der Itter lockt auch heute noch wie bei seiner Eröffnung im Jahr 1912 zur erfrischenden Abkühlung. Der Walder Rasiermesserfabrikant Carl Friedrich Ern (1850–1924) ließ es für erholungsuchende Arbeiter und ihre Familien inmitten eines weitläufigen Parkgeländes bauen. Schon damals konnte das Wasser auf 21 Grad erwärmt werden. Heute gehören Spiel-, Sportplätze und eine Sauna dazu; eine Rollschuhbahn verwandelt sich im Winter in eine attraktive, frostunabhängige Freiluft-Eisbahn. Als 1987 die Stadt Solingen das Freibad nicht mehr unterhalten konnte, übernahm die Ittertal gGmbH, getragen vom Diakonischen Werk, die Trägerschaft und schuf hier ein Zentrum, in dem sich Menschen nach langer Arbeitslosigkeit qualifizieren und ausbilden lassen können. Auskünfte unter Tel. (02 12) 2 30 39-0. Der eigentliche von Laubwald umstandene Itter-Stausee wurde in den 60er Jahren oberhalb des Ittertal-Freizeitgeländes mit einem Damm von elf Metern Höhe errichtet. Er dient dem Bergisch-Rheinischen Wasserverband (BRV) als Hochwasser-Rückhaltebecken.

Unsere Tips

- Bei allen Generationen beliebtes Ziel ist das „Familienparadies Ittertal". Zu ihm gehört ein Bootsteich mit Tretbooten, ein Karussell aus dem Jahr 1912, Autoscooter, viele Märchenstationen mit Streichelzoo und Elefantenflugzeug und ein gemütliches Restaurant mit schönem Biergarten. Geöffnet täglich von 10 bis 18 Uhr (im Winter nur Sa und So). Tel. (02 12) 3 80 96 91.

- Folgt man dem Hangweg des Ittertals, einem Teilstück des Solinger Klingenpfads (×7, von Gräfrath nach Ohligs), durch den Wald oberhalb des plätschernden Baches itterabwärts, dann gelangt man nach ca. drei Kilometern zum idyllisch gelegenen alten Mühlen-Restaurant Heidberger Mühle, dessen Fachwerkhaus aus dem Jahr 1784 stammt. Hier kann man täglich von 12–22 Uhr – Mo nur bis 18 Uhr – einkehren; So und an Feiertagen von 9–11.30 Uhr Frühstücksbuffet (Walder Str. 50, Tel. (0 21 29) 24 14).

- Der altbergische Stadtkern von Gräfrath mit seinen vielen gemütlichen Gaststätten ist ein schönes Ziel am Abend nach dem Schwimmen im Ittertal. Im Kloster Gräfrath befindet sich heute das Klingenmuseum der Stadt Solingen mit einer einzigartigen historischen Sammlung von Klingenwaffen, Besteck und Schneidegeräten.

Ittertal, Stausee, BRW Bergisch-Rheinischer Wasserverband, Brauchwasser, um 1965, Damm 11 m, 98.600 m³

DB bis Solingen-Ohligs, Bus 690 bis Haltestelle Mittelitter; oder von Solingen aus O-Buslinie 683 bis Solingen-Wald, von dort aus Fußweg hinab ins Ittertal.
Auskunft: s. Impressum.
Mit dem Auto A 46 von Düsseldorf oder Wuppertal, Ausfahrt Haan-West/Hochdahl, rechts bis Haan-Stadtmitte, beim Schuhgeschäft rechts Richtung Solingen-Ittertal.

Wanderweg ×7 im Ittertal, von Gräfrath aus ca. 3 bis 4 km.

Museum Baden, Kunstsammlung der Stadt Solingen mit Stiftung Meistermann, Wuppertaler Str. 160, 42653 Solingen-Gräfrath, Tel. (02 12) 2 58 14-0.
Deutsches Klingenmuseum, Klosterhof 4, 42653 Solingen-Gräfrath, Di bis Do 10 –17, Fr 14 –17, Sa und So 10 –17 Uhr, Tel. (02 12) 25 83 60.

Ittertal Sport- und Kulturzentrum Ittertal gGmbH, Mittelitter 10, 42719 Solingen. Freibad, Eislaufen, Dampfbad und Sauna.
Öffnungszeiten: Tel. (02 12) 2 30 39-0.
Auskunft bei der Stadtinformation Solingen, Tel. (02 12) 2 90-23 33.

Wissenswertes

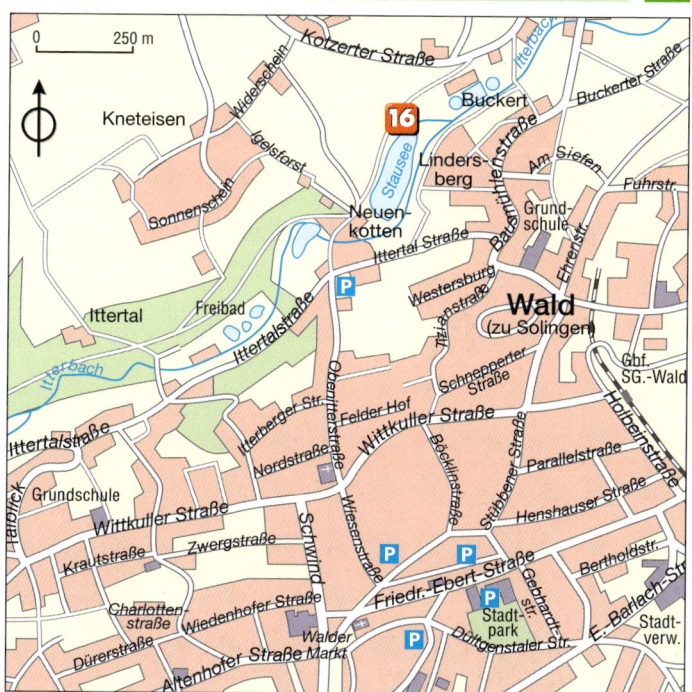

Malerisches Zeugnis der Industriegeschichte

Von den Wuppertaler Südhöhen aus fließen Saalbach und Gelpe durch ein weites Waldgebiet mit beschaulichen Spazierwegen zum Morsbach. Diese führen an vielen alten Teichanlagen mit Mauer-, Wehr- und Brückenresten entlang, Zeugnisse einer verschwundenen Industrielandschaft.

Im 17. und 18. Jahrhundert war das Wupperviereck mit seinen vielen Bachtälern die Wiege der deutschen Eisen- und Stahlindustrie. Erst als Dampfmaschinen und Elektrizität die Wasserkraft allmählich ersetzten, wanderte die Stahl- und Werkzeugproduktion schließlich aus den engen, unzugänglichen Tälern hinaus auf die Höhen der Städte und ins Ruhrgebiet.

Auf ihrem nur 4,4 Kilometer langen Weg nach der Vereinigung von Dorner- und Huckenbach hat die Gelpe ein Gefälle von 2,27 Prozent. Sie betrieb 1861 noch 18 Wassertriebwerke. Eines von ihnen ist der Käshammer, der auch Höltershammer genannt wurde. Zu seinen Besitzern gehörte einige Zeit lang auch das Kloster Beyenburg, im 19. Jahrhundert erwarb Johann Wilhelm Hölter das Triebwerk. Der Hammer produzierte Raffinierstahl, einen vorindustriellen Edelstahl, und hatte 1829 drei Wasserräder, von denen zwei die Blasebälge der Schmiedefeuer betrieben. Ende des 19. Jahrhunderts erhielt das Hammergebäude aus Bruchsteinen die Fachwerkgeschosse mit den großen gekoppelten Fenstern für eine Seidenwinderei.

Käshammer, Hammerteich für drei Wasserräder, um 1700

🚌 Busverbindung von Wuppertal Hbf. in die Nähe des Gelpetals, Haltestellen Cronenfeld, Hahnerberg, Westen, Clemenshammer, Auskunft: s. Impressum.
Mit dem Auto A 46, Ausfahrt Sonnborner Kreuz Richtung Solingen, dann Ausfahrt Kohlfurt Richtung Wuppertal-Cronenberg, in Hahnerberg rechts ab Cronenfelder Straße, in Oberdahl rechts ab Richtung Unterdahlerberg, Käshammer.

🚶 Wanderwegenetz zwischen Morsbachtal und Wuppertaler Südhöhen (Cronenberg, Cronenfeld, Hahnerberg, Ronsdorf).

✗ Im Gelpetal: Gaststätte Käshammer, 42349 Wuppertal, Tel. (02 02) 40 14 34, und Haus Zillertal, 42349 Wuppertal, Tel. (02 02) 40 28 29, Do Ruhetag.

☞ In Müngsten an der Wupper verbindet seit mehr als 100 Jahren das technische Wunderwerk, die Müngstener Brücke, in 107 m Höhe Remscheid und Solingen durch die Eisenbahn.

☞ Informationszentrum der Stadt Wuppertal, Tel. (02 02) 1 94 33.

Wissenswertes

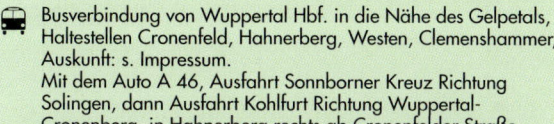

Staustufe der Ruhr

Wenn man an einem Sonnentag, von Heiligenhaus kommend, das Steilufer zur Ruhr hinunterfährt und die Brücke von Kettwig erreicht, dann fühlt man sich fast an ein liebliches Mainstädtchen erinnert: Der freundliche Spiegel der zum Kettwiger See gestauten Ruhr, Blumenrabatten an ihrem Ufer, die in Stufen aufsteigenden Mauern und Häuserreihen mit zwei Kirchtürmen der kleinen Stadt Kettwig am gegenüberliegenden Ufer.

Der Kettwiger See entstand 1950 durch ein Sektorwehr, das mit seinen zwei Wehrfeldern von je 44 Meter Breite zugleich auch Stütze der Straßenbrücke ist. Der See wurde nicht nur zur Flußreinigung der Ruhr angelegt, so wie die früher entstandenen Stauseen (Hengstey-, Harkort- und Baldeneysee), sondern auch, um eine ungehinderte Schiffahrt in der unteren Ruhr zu ermöglichen. Ein Kraftwerk nutzt die Staustufe in Kettwig. Eines der sieben Rückpumpwerke an der Ruhr pumpt hier im Bedarfsfall, z. B. bei großer Trockenheit, Rheinwasser in die untere Ruhr, um so ihren Wasserstand zu sichern.

Der Kettwiger See ist vor allem ein Paradies für Angler und Bootsfahrer, seine idyllische Promenade und die alten Leinpfade laden zu beschaulichen Spaziergängen ein.

- Schon 1052 wird Kettwig urkundlich erwähnt, seine Brücke war in Kriegszeiten vielfach umkämpft. Nachdem sie Herzog Wolfgang Wilhelm von Berg im Dreißigjährigen Krieg abreißen ließ, um diesen Krisenpunkt an der Ruhr zu beseitigen, wurde es still um die kleine Stadt. Erst 1865 bekam sie eine feste Straßenbrücke, die Ende des Zweiten Weltkriegs gesprengt wurde. Eine neue Brücke erhielt Kettwig zusammen mit dem Wehrbau 1950. Seit 1975 gehört Kettwig zur Stadt Essen.

- In der schönen Altstadt stehen zwei sehenswerte Kirchen: Die evangelische Kirche hat einen Turm aus dem 13. Jahrhundert; am westlichen Altstadtrand steht die klassizistische katholische Kirche St. Peter, die ein Schinkel-Schüler erbaute. Ein kleiner Rundweg führt auf der nördlichen Ruhrpromenade von der Brücke zur Ruine Motte des Kattenturms, dem Rest einer alten Fluchtburg. Nach gemütlicher Rast im Restaurant Kattenturm (Minigolfplatz) geht man auf dem Waldweg A 1 über den Höhenrücken jenseits von Eisenbahn und Straße zur Altstadt und Brücke zurück (insgesamt ca. vier Kilometer).

- Drei Schlösser liegen Kettwig gegenüber: Das Wasserschloß Hugenpoet aus dem 17. Jahrhundert, heute prominentes Schloßhotel, Schloß Landsberg, eine zum prächtigen Wohnschloß von August Thyssen umgebaute Burganlage des 13. Jahrhunderts, und der Herrensitz Schloß Oefte (schon 820 erwähnt), heute Gelände des Essener Golfclubs.

Kettwiger See, Ruhrverband, Brauchwasser, 1950,
Wehr 6 m, 1,4 Mio. m³

Von Düsseldorf, Ratingen und Essen aus S-Bahn-Verbindung,
Haltepunkt Stausee und Bf. Kettwig; Busverbindungen nach
Kettwig, Auskunft: s. Impressum.
Ruhrschiffahrt von Mülheim und vom Baldeneysee,
Anlegestelle Stausee und Kattenturm.
Mit dem Auto A 3 bzw. A 52 bis Autobahnkreuz Breitscheid,
Ausfahrt Ratingen/Breitscheid, dann Landstraße.
Von Velbert aus über Essen-Werden oder Isenbügel.
Lohnende Radwanderwege an beiden Ufern der Ruhr.
Wanderwegenetz vor allem auf den Ruhrhöhen.
Restaurant Kattenturm, Am Kattenturm 1, 45219 Essen-Kettwig,
Tel. (0 20 54) 8 33 60.
Hotel-Restaurant Schloß Hugenpoet, August-Thyssen-Str. 51,
45219 Essen-Kettwig, Tel. (0 20 54) 1 20 40.
Bootsverleih an der Uferpromenade.
Campingplätze Cammerzell, Werdener Str.,
45219 Essen-Kettwig, Tel. (0 20 54) 47 98.

Nach 100 Jahren saniert

Zu ihrem 100. Geburtstag wurde die 1898 errichtete, denkmalgeschützte Mauer der Lingese-Talsperre von 1995 bis Herbst 1998 saniert. Bereits 1985 war der Wasserspiegel um zwei Meter gesenkt worden, um die Standsicherheit zu gewährleisten. Ziel der Sanierung war es, die Talsperre nach heute geltenden hohen Sicherheitsstandards für die nächsten 80 bis 100 Jahre voll funktionsfähig zu machen. Dabei blieb die ursprüngliche Form der Mauer erhalten, wurde jedoch mit einer wasserseitigen Verstärkung und einem neuen Dichtungssystem mit dichtem Anschluß an den Untergrund versehen. Dieses besteht aus dem Kontrollgang mit aufgesetzter kontrollierter Dichtwand, der eine tiefgreifende Verbindung zum Untergrund herstellt, die beim Bau vor der Jahrhundertwende nicht erreicht werden konnte.

Wie die Brucher- dient auch die Lingese-Talsperre der Hochwasserentlastung und ist für den Wassersport freigegeben. Mit ihren Campingplätzen am südlichen Ufer und ihrem Wanderwegenetz am Rand des Wipperquellgebiets ist sie ein beliebtes Erholungs- und Ausflugsziel.

Unsere Tips

- Die Gemeinde Marienheide besteht aus 52 Ortschaften auf einer Fläche von ca. 55 Quadratkilometern. 13.000 Einwohner leben hier, Zentralort ist der alte Wallfahrtsort Marienheide (s. S. 24). Neben dem alten Ort Müllenbach mit seiner Wehrkirche aus dem 11. Jahrhundert und dem einsam im Leppetal gelegenen Schloß Gimborn ist die kleine Kirche in Hülsenbusch (B 256 Marienheide – Ründeroth, Abzweig in Wegescheid) weniger bekannt. Ihr Ursprung war Ende des 12. Jahrhunderts eine dem Hl. Apostel Bartholomäus geweihte Kapelle. Ihr heutiges Aussehen mit dem hübschen tulpenförmigen Turmdach erhielt die Kirche Ende des 18. Jahrhunderts. 1964 wurde der Innenraum nach barocken Vorbildern geradezu fürstlich restauriert; so entstand ein Schmuckstück an Farbenfreude und Zierformen.

- Im oberen Wipper-, dem Lingese- und Rönsahltal stellten bis in die 30er Jahre des 20. Jahrhunderts etwa 30 Pulvermühlen der Familien Buchholz und Cramer das begehrte Schwarzpulver her. Erst die Erfindung des Dynamits machte nach 1866 allmählich der Pulverindustrie in den Orten Ohl und Gogarten Konkurrenz. In Marienheide-Müllenbach richtete der Buchautor Harry Böseke mit dem Müllenbacher Freundeskreis das Haus der Geschichten ein mit Sammlungen über Pulvermacher, Steinbrucharbeiter und Fuhrleute. Auskunft: Gemeinde Marienheide, Tel. (0 22 64) 40 44-0 oder -1 11.

Lingese-Talsperre, Wupperverband, Brauchwasser, 1898,
Mauer 25 m (über Gründung), 2,6 Mio. m³

Mit dem Auto B 237 bzw. B 256 Wipperfürth – Marienheide, in
Schmitzwipper abbiegen zur Lingese-Talsperre. Von der Straße
Meinerzhagen – Marienheide in Holzwipper rechts ab nach Linge.

Wanderwegenetz ab Parkplatz Rönsahl bis zum Einzugsgebiet
der Kerspe-Talsperre. Die Wanderstrecke ×3 verbindet die
Lingese- mit der Brucher-Talsperre, Rückweg über Marienheide
oder Holzwipper.

Haus Dahl aus dem 16. Jahrhundert. Das älteste Bauernhaus im
Oberbergischen ist eine Außenstelle von Schloß Homburg, dem
Museum des Oberbergischen Kreises.
Auskunft: Tel. (0 22 93) 91 01-0, Fax (0 22 93) 91 01-40.

Auskunft erteilt die Gemeinde Marienheide,
Tel. (0 22 64) 40 44-0 oder -1 11.

LIONS-Freizeitanalgen GmbH, Camping- und Wochenendplatz,
Marie Brigitte Helmke, Lambach 1, Tel. u. Fax (0 22 64) 38 94.
Campingplatz Busch, Linger Str., Udo Busch, Tel. (02 01) 48 31 62.
Campingplatz Schmidt, Linger Str., Josefine Schmidt,
Tel. (0 22 64) 82 79.
Campingplatz Nicola, Linger Str., Ingeborg Willer,
Tel. (0 22 64) 78 07.

Stille Waldlandschaft

Schon bald nach der Erbauung der Trinkwassersperre im Eschbachtal stellte die Stadt Remscheid fest, daß Erweiterung nötig war. Aber das Gelände oberhalb der ersten deutschen Trinkwassersperre im Quellgebiet des Eschbachs stand nicht zur Verfügung, weil sich die dort ansässigen Hammerwerksbesitzer nicht einigen konnten. So beauftragte man Professor Intze, nördlich von Wipperfürth im wald- und wiesenreichen Tal der Neye einen Stauraum von sechs Millionen Kubikmetern zu errichten. Von 1908–1909, vier Jahre nach Intzes Tod, wurde die Talsperre nach seinen Plänen erbaut; ein Stollen verbindet sie mit dem Wasserwerk der Stadt Remscheid im Eschbachtal. Weitere Stollen führen zur Bever- und zur Schevelinger Talsperre; die drei bilden den sogenannten Beverblock zur Regulierung des Wasserstands der Wupper.

Die Stadtwerke Remscheid versorgen ihre Stadt zur Hälfte mit Trinkwasser aus Neye- und Eschbach-(Remscheider) Talsperre, die andere Hälfte wird vom Wupperverband aus der Großen Dhünn-Talsperre bezogen.

Unsere Tips

- Müller-Wipperfürth – die Fabrik für Herrenkonfektion an der Wupper – machte in den 50er Jahren die Stadt südlich der Neyemündung weltbekannt. Dabei erhielt Wipperfürth als erste Stadt des Bergischen Landes 1217 Stadtrechte. Im Mittelalter befand sich hier eine Furt durch die Wupper; die Tuchstadt war Mitglied der Hanse. Die katholische Pfarrkirche St. Nikolaus, eine dreischiffige, romanische Pfeilerbasilika mit dem hohen viergeschossigen Westturm aus dem 12. Jahrhundert wurde 1870 verlängert. Den hübschen Marktplatz säumen neben wiederaufgebauten Häusern noch einige alte Wohnhäuser aus dem 17. und 18. Jahrhundert. Der Brunnen von 1590 und die vielen gemütlichen Gasthäuser sind vor allem an schönen Sommerabenden Ziel der Kneipenbummler.

- Hoch auf den Bergen zwischen Bever- und Neye-Talsperre liegt die einsame Ortschaft Egen mit einer kleinen Kirche aus dem Jahr 1850. Mit ihrem Turm von 1909 ist sie ein schönes Beispiel für die Architektur im Heimatstil Anfang des 20. Jahrhunderts. Ein interessanter Kirchort ist auch Kreuzberg mit seiner neugotischen Kirche von 1869 und einer Kreuzigungsgruppe aus dem Jahr 1730.

- Abwechslungsreiche schöne Wanderung: Drei-Seen-Weg (ca. 3 Stunden), Start Parkplatz Bever-Sperrmauer, ×28 zur Neye-Mauer, hinter Großblumberg rechts A 1, in Neye scharf rechts, Straße nach Oberlangenberg/Egen folgen. Nach ca. 1 km Straße verlassen und geradeaus Wiesenweg nach Elberhausen, Steinberg bis Kleineichen. Hier rechts nach Hartkopsbever (Jung-Stilling-Haus, s. S. 12) zum Bever-Damm zurück (Wanderkarte hilfreich!).

Neye-Talsperre, ewr GmbH Remscheid, Trinkwasser, 1909, Mauer 31,1 m, 6 Mio. m³

Buslinie 336 von Gummersbach oder Remscheid-Lennep, Haltestelle Neye, von dort Fußweg zur Staumauer ca. 2 km, Auskunft: s. Impressum.
Mit dem Auto von Halver B 229 Richtung Radevormwald, in Schwenke links ab nach Hückeswagen – Wipperfürth, Parkplatz Niederlangenberg, B 237 Wipperfürth – Hückeswagen, in Neye abzweigen bis Parkplatz Oberröttenscheid oder Niederlangenberg, 1 km Fußweg zur Staumauer.

Wandern und Jogging gut! Vor allem auf dem Weg rund um die Neye (ca. 11 km).

Zur Neye-Talsperre, Großblumberg 3, 51688 Wipperfürth, Tel. (0 22 67) 45 60, Fr, Sa und So geöffnet.
Restaurant-Café Röttenscheider Höhe, Oberröttenscheid, 51688 Wipperfürth, Tel. (0 22 67) 8 02 16, Di Ruhetag.

Luftsportverein Wipperfürth, Verkehrslandeplatz Beverstraße, Tel. (0 22 67) 88 03 27.
Auskunft bei der Stadtverwaltung Wipperfürth, Marktplatz 1, 51688 Wipperfürth, Tel. (0 22 67) 64-3 36.

Wasser für Röntgens Geburtsstadt

Als Spezialist für Industrie-, Wehr- und Wasserbauten beschäftigte sich der Lenneper Albert Schmidt (1841–1932) intensiv mit der Konstruktion der „Intze-Mauer", als diese im Eschbachtal für Remscheid errichtet wurde. Er stammte aus einer oberbergischen Wehr- und Wasserbaumeister-Familie und war vielbeschäftigt für die Tuchfabriken an der Wupper zwischen Hückeswagen und Beyenburg. Die Cholera-Epidemie während seiner Kindheit im Jahr 1849 hatte ihm und allen Bürgern der bergischen Kreisstadt Lennep gezeigt, wie wichtig gesundes Trinkwasser ist. Er entwarf 1891 den Mauerbau für eine Trinkwassersperre im Panzerbachtal südlich von Lennep und ließ seine Pläne von Professor Intze begutachten. 1893 nahm also die zweite Trinkwassersperre ganz in der Nähe der ersten, der Eschbach- (Remscheider) Talsperre, ihren Betrieb auf. Die Mauer besteht aus weit vorspringenden Pfeilern mit den Wasserdruck ableitenden Bögen. Die Panzer-Talsperre versorgte bis zum Herbst 1990 die Stadt Lennep mit Trinkwasser, heute wird sie nicht mehr genutzt. Lennep bekommt sein Trinkwasser aus der Remscheider und der Großen Dhünn-Talsperre.

Unsere Tips

- Um 1230 bekam Lennep Stadtrechte. Als Rastplatz in einer Quellmulde an der alten Hanse- und Pilgerstraße Brügge – Köln – Dortmund – Lübeck hatte die Stadt gute Entwicklungschancen. Ein Tuchmacherprivileg sicherte ihr Einkünfte. Lennep mit seiner schönen Altstadt und seiner Kirche aus dem Jahr 1746 war Kreisstadt bis zur Gebietsreform im Jahr 1929, in dem es Stadtteil von Remscheid wurde. Eine Minoriten-Klosterkirche aus dem Jahr 1677, die seit der Säkularisation 1806 als Fabrikgebäude diente, wurde 1987 durch eine Bürgerinitiative restauriert und zu einem beliebten Veranstaltungszentrum.

- Lennep ist Geburtsort von Wilhelm Conrad Röntgen (1845–1923), dem Entdecker der Röntgenstrahlen. In einem ehemaligen Patrizierhaus befindet sich das Deutsche Röntgen-Museum, das als eine in der Welt einmalige Institution die Geschichte der Röntgentechnik und anderer bildgebender Untersuchungsverfahren dokumentiert. Einmal im Jahr vergeben hier die Deutsche Röntgen-Gesellschaft und die Stadt Remscheid die Röntgen-Plakette. Öffnungszeiten: Di bis Fr 10–18, am Wochenende 11–18 Uhr, Tel. (0 21 91) 16 33 84.

Panzer-Talsperre, ewr GmbH Remscheid, Trinkwasser, 1893, Mauer 14,75 m, 0,3 Mio. m³

DB ab Solingen-Ohligs oder Wuppertal Hbf. bis Remscheid-Lennep, weiter Buslinie 664, Haltestelle Talsperrenweg, Auskunft: s. Impressum.

Mit dem Auto A 1, Ausfahrt Remscheid, B 229 Richtung Remscheid-Lennep, an der Kreuzung mit B 51 dieser rechts folgen Richtung Hückeswagen, nach ca. 700 m links Schild „Hasenberg" folgen, dann ca. 1 km rechts Talsperrenweg.

Schöner Radweg von Radevormwald über Wupper-Sperrdamm bis Panzer-Talsperre, weiter zur B 51 und über Engelsburg, Kräwinkler Brücke zurück.

Wandern: Schattige Spazierwege im Panzerwald, Ausgangspunkt am Hasenberger Weg.

In der Altstadt von Lennep: Café Meister's, Wetterauer Str. 5, Tel. (0 21 91) 66 84 22.

Klosterschänke, In der Klosterkirche, Öffnungszeiten: 18 – 24 Uhr, Dienstag Ruhetag, Tel. (0 21 91) 66 63 26, Fax 66 11 37.

„H₂O" Badeparadies mit Natursolebecken, Saunalandschaft und Saline im Lenneper Ortsteil Hackenberg, täglich geöffnet, Tel. (0 21 91) 16 41 42.

Wissenswertes

Gerettet:
Viel Mauer,
wenig Wasser

Eine hohe Fontäne sorgt für freundliches Wasserplätschern im malerischen Saalbachtal unterhalb der 1898 errichteten Ronsdorfer Sperrmauer und erinnert an den alten Park des 1970 abgerissenen Ausflugsrestaurants. Seit 1956 wird die Ronsdorfer Talsperre nicht mehr zur Trinkwasserversorgung genutzt. Da die Mauer zunehmend Bauschäden zeigte, ließ man die Wasserhöhe auf 9,64 Meter herab. Als aber die Entscheidung drohte, die Ronsdorfer Talsperre abzulassen und trockenzulegen, brandete Protest auf.

Der Förderverein Ronsdorfer Talsperre bildete sich. Am 28. April 1999 übernahm der Wupperverband die Ronsdorfer Talsperre von der Stadt Wuppertal. Um ein künftiges Stauziel von 13 Metern zu ermöglichen, wird die Staumauer mit einer vorgesetzten, wasserundurchlässigen Betonschale auf der Staubeckenseite abgedichtet u. a. die alte Hochwasserentlastung erneuert. Voraussichtlicher Sanierungsabschluß Ende 2003. Bis dahin ist die Mauer nicht begehbar. Der Uferweg ist als Waldlehrpfad gestaltet.

- Im Saalbach-, Gelpe- und dem längeren Morsbachtal herrschte bis in unser Jahrhundert hinein großer Lärm. Die Wiege der bergischen Eisenindustrie ist hier zu finden, die ihre Blüte im 18. Jahrhundert hatte. Ein Zweig des Lehrpfads „Historisches Gelpetal" beginnt an der Ronsdorfer Sperrmauer und führt an Resten von 25 alten, mit Schildern bezeichneten und erklärten Hammer- und Schleifkottenanlagen zum Steffenshammer beim Remscheider Ortsteil Clemenshammer im Morsbachtal. Hier wird bei Führungen des Historischen Zentrums der Stadt Remscheid (Werkzeug- und Heimatmuseum in Hasten) noch das alte Schmiedefeuer angefacht und das Wasserrad zum Treiben des schweren Hammers in Gang gesetzt, Tel. (0 21 91) 16 25 19.

- Die Koniferen unterhalb der Staumauer pflanzte der in Botanikerkreisen weltbekannte Pflanzenzüchter Georg Arends (1863 – 1952). Die von ihm gegründete Staudengärtnerei in Wuppertal, Monschaustr. 76, 42369 Wuppertal, Tel. (02 02) 46 46 10, ist noch immer in Familienbesitz.

- Ronsdorf entwickelte sich zur Bandwirkerstadt. In dem Gebäude der 1923 eingerichteten Preußischen Bandwirkerschule, Remscheider Straße 50, befindet sich ein Bandwirkermuseum. Führung nach Vereinbarung, Tel. (02 02) 5 63-72 22. Im Schulzentrum Süd richtete die Realschule in einem Klassenraum ein Museum ein, das die Technik der häuslichen Schmalbandweberei zeigt, Tel. (02 02) 4 06 34.

Ronsdorfer Talsperre, Wupperverband, Brauchwasser, 1898–99, Mauer 23,75 m, nach Sanierung 0,1 Mio. m³

DB bis Bf. Wuppertal-Barmen, dort Bus 640 bis Haltestelle Talsperre, Auskunft: s. Impressum.
Mit dem Auto A 1, Ausfahrt Wuppertal-Ronsdorf, rechts B 51 Richtung Remscheid, erste Straße rechts, Tannenbaumer Weg, bis zum Ende, dann links Lüttringhauser Straße, im Zentrum von Ronsdorf links Remscheider Straße, nach 600 m rechts Echoer Straße bis zum Ende, dann rechts Talsperrenstraße.

Weites Wanderwegenetz in den Ronsdorfer Anlagen; Stadtwald bei der Talsperre.

Haus Zillertal (im Wandergebiet Gelpetal, an einem alten Hammerteich), Zillertal 1, 42349 Wuppertal, Tel. (02 02) 40 28 29, Do Ruhetag.

Hotel Rädchen, Rädchen 40, 42369 Wuppertal-Ronsdorf, Tel. (02 02) 46 20 33.

☞ Schwebebahnfahrt zum Wuppertaler Zoo.

☞ Freizeitbad „Bergische Sonne", Lichtscheider Str. 90, 42285 Wuppertal, Tel. (02 02) 55 36 05.

Mittelmeer im Bergischen Land

Über 461.000 DM sammelten 1967 Bensberger Einwohner in einer für damalige Zeiten beispiellosen Initiative für den Bau des ersehnten Hallenbades. Mit dem Spatenstich begann auch die Erschließung eines Schul- und Sportzentrums auf einem großzügigen, parkähnlichen Gelände der Saaler Mühle am Ufer des Sees. Aus dem Hallenbad, der „Städtischen Nordsee" wurde eine völlig neue und einmalige, südeuropäisch-maurisch anmutende Bade- und Wellness-Landschaft: das Mediterana, Tel. (0 22 04) 20 20, Fax (0 22 04) 20 22 22.

In unmittelbarer Nähe befinden sich eine der schönsten und größten Golfanlagen Deutschlands, eine Eissporthalle, eine Sporthalle sowie Tennis- und Sportplätze.

Der 7 ha große Saaler-Mühle-See mit seinen Buchten und Inseln, seinen Wasservögeln und bewaldeten Ufern ist die idyllische, ruhige Mitte dieses Erholungsparks, ideal zum Joggen, Entenfüttern und Grillen. Die Grillhütte mit Sitzgelegenheit für 50 Personen gilt längst als gute Adresse für zünftige Grillpartys und kann täglich angemietet werden; Rathaus Bensberg, Tel. (0 22 04) 14 13 78.

Unsere Tips

- Den ehemaligen Standort der Saaler Mühle muß man sich zwischen dem Eingangsbereich des Freibades und dem See vorstellen. Bis 1917 war die mehr als 800 Jahre alte Saaler Mühle in Betrieb und diente in den 20er Jahren als beliebtes Ausflugslokal. 1969 wurden die letzten verfallenen Gebäude auf dem Mühlengelände abgerissen.

- Seit 1975 ist Bensberg mit Bergisch Gladbach vereinigt. Die Burganlage im Zentrum Bensbergs stammt aus dem 12. Jahrhundert und wurde 1965–1971 nach den Entwürfen des Architekten Gottfried Böhm, der auch die Wallfahrtskirche Neviges entwarf, mit einem bemerkenswerten Rathausneubau verbunden. Unterhalb der Rathaus-Burg, am Burggraben 9-21, befindet sich das Türmchenhaus mit dem Bergischen Museum für Bergbau, Handwerk und Gewerbe, das auch die vergangene Bergwerks-Tradition im Raum Bensberg dokumentiert. Altes Handwerk und bergischer Fachwerkbau werden im Freigelände gezeigt. Öffnungszeiten: Di bis So 10–17 Uhr, Tel. (0 22 04) 5 55 59.

- Vor allem Papiermühlen an der Strunde prägten seit dem 16. Jahrhundert diesen Raum. Das Rheinische Industriemuseum richtet in der Papiermühle Alte Dombach und in einem angrenzenden Fabrikgebäude das Museum für Technik- und Sozialgeschichte der Papierindustrie ein, Kürtener Straße, Tel. (0 22 02) 93 66 80. Öffnungszeiten: Di bis So 10–17 Uhr.

in Bergisch Gladbach-Bensberg

Saaler Mühle, Saaler See, Größe 7 ha, Anlage um 1969

🚌 Von Köln Hbf. mit der S-Bahn bis Bergisch Gladbach, dann Bus bis Bensberg Saaler Mühle oder mit Straßenbahn 1 bis Bensberg, Auskunft: s. Impressum.
Mit dem Auto A 4, Ausfahrt Bensberg-Frankenforst, B 55 nach Bensberg, dort den Schildern zur Saaler Mühle folgen.

🏛 Schulmuseum Sammlung Carl Cüppers, Kempener Str. 187, Bergisch Gladbach-Katterbach, Öffnungszeiten: Mo bis Fr 10 –13 Uhr, So 11–17 Uhr, Tel. (0 22 02) 8 42 47.
Papiergeschichtliche Sammlung der Stiftung Zanders, Hauptstr. 267, 51465 Bergisch Gladbach, Tel. (0 22 02) 15 20 60.
Städtische Galerie Villa Zanders, Schwerpunkt Kunst auf Papier, Öffnungszeiten: Di bis So 11–17 Uhr, Do 11–19.30 Uhr, Tel. (0 22 02) 14 23 34.

🏃 Mediterana, Bade- und Wellnesslandschaft Saaler Mühle, Tel. (0 22 04) 20 20.
Eissporthalle Saaler Mühle, Tel. (0 22 04) 6 47 48.

Wissenswertes

Schimmerndes Kleinod

Bekannter ist die Schevelinger Talsperre unter dem Namen Silbersee oder auch Silbertalsperre. Hier, in der Nähe von Kupferberg, wo Kupfervorkommen abgebaut wurden, fanden sich im Gestein Silberadern. Aber der Name ließe sich auch einfach so erklären: In dem stillen Wasser spiegeln sich Himmel und Bäume. Sie ist ein Schatz, ein kleines Schmuckstück unter den vielen Stauseen des Bergischen Landes. Kaum eine Stunde dauert der Spaziergang über ihren Damm und die ufernahen Wege, ideal also für alle, die schon lange einmal mit kleinen Kindern eine Talsperre umrunden oder mit Senioren einen besonders schönen Spaziergang in stiller Waldabgeschiedenheit machen möchten.

Im Zuge der Bever-Erweiterung (1935–1939) errichtete man im Tal der Schevelinge 1938–1941 den 150 Meter langen Staudamm. Die Talsperre dient als Vorsperre der Neye-Talsperre und als Hochwasserschutz für die Stadt Wipperfürth. Sie wird durch einen Stollen zusätzlich von den Bächen Hönnige und Schleise gespeist. Mit Neye- und Bever-Talsperre durch Stollen zum sogenannten Beverblock für die Wasserstandsregulierung der Wupper verbunden, ist sie ein Beispiel für die Vernetzung der Gewässer jenseits aller Verbandsgrenzen: Die Neye-Talsperre wird von den Stadtwerken Remscheid, die beiden anderen werden vom Wupperverband bewirtschaftet.

Unsere Tips

- Ausgedehnte Spaziergänge, die den Uferweg mit einbeziehen, können unternommen werden. Wanderparkplätze in Kreuzberg (zwischen Schevelinger Talsperre und Schwenke), an der Straße im Hönnigebachtal und bei Wasserfuhr.

- Nachmittags ein Spaziergang um den Silbersee, abends ein Kneipenbummel durch die altbergischen Gassen von Wipperfürth! Die Stadt an der alten Furt durch die Wupper, die hier noch Wipper heißt, ist die älteste im Bergischen Land und strahlt mit dem mächtigen viergeschossigen Westturm der romanischen Pfeilerbasilika St. Nikolaus historische Würde aus. Die Klosterkirche der Franziskaner mit den ehemaligen Klostergebäuden, heute Familienbildungsstätte, stammt aus dem Jahr 1674.

- Karneval in Wipperfürth, das ist ein Geheimtip! Ebenso der Martinsmarkt und der Weihnachtsmarkt um den Nikolaustag herum.

Schevelinger Talsperre (Silbersee), Wupperverband,
Wasserstandsregulierung/Trinkwasser, 1941,
Damm 22,2 m (über Gründung), 0,31 Mio. m^3

Mit dem Bus von Wipperfürth Richtung Kreuzberg,
Auskunft: s. Impressum.
Mit dem Auto A 45, Ausfahrt Meinerzhagen, B 54 bis Kierspe,
von dort B 237 bis Wipperfürth, weiter L 284 Richtung Halver,
nach 2 km Parkplatz bei Hönnige. Fußweg zum Staudamm ca.
1 km. A 1, Ausfahrt Wermelskirchen, B 51 bis Bergisch-Born,
dann über Hückeswagen bis Wipperfürth, ab hier wie oben.

Ausgedehntes Wanderwegenetz zwischen Neye- und
Schevelinger Talsperre.

Hotel Klosterhof, Westfalenstr. 7, 51688 Wipperfürth-Kreuzberg,
Tel. (0 22 67) 49 37, Fax (0 22 67) 36 44.
Haus Koppelberg, Wasserfuhr 7, 51688 Wipperfürth,
Tel. (0 22 67) 50 51, Fax (0 22 67) 28 42.

☞ Auskunft bei der Stadtverwaltung Wipperfürth, Marktplatz 1,
51688 Wipperfürth, Tel. (0 22 67) 6 43 36.

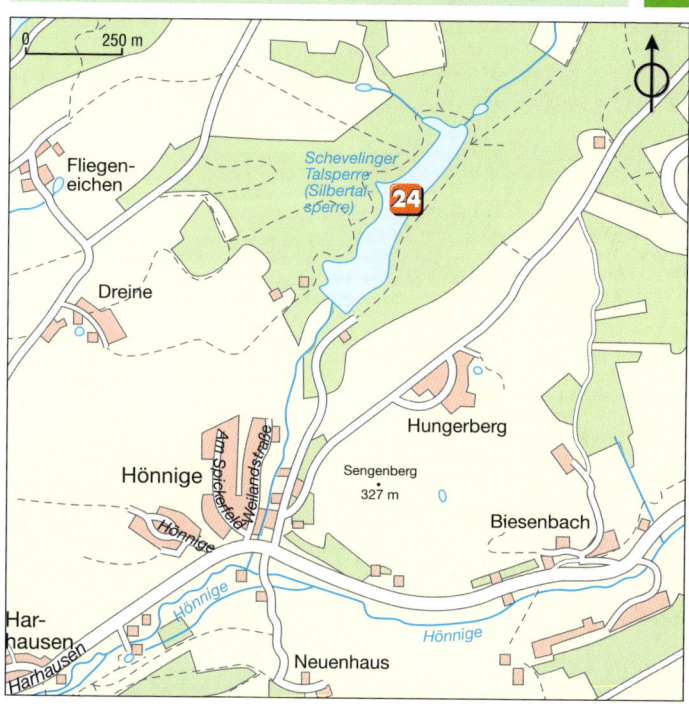

Trinkwasser für die Klingenstadt

Hohe Steilufer und tiefe Blicke hinab auf einen stillen, von Wald umgebenen See. Stundenlanges Spazierengehen auf Wegen durch Mischwald, ein rauschendes „Wasserfall-Theater" am Überlauf der mehr als 43 Meter hohen Staumauer, wenn das Stauziel erreicht ist – den Rundweg von 9,1 Kilometern um die Sengbach-Talsperre sollte man nicht versäumen. Nach den Plänen von Professor Intze, der zwölf Jahre zuvor die erste Trinkwassersperre für die Solinger Schwesterstadt Remscheid errichtet hatte, baute Solingen von 1900–1903 kurz vor der Mündung des Sengbachs in die Wupper eine Bruchstein-

mauer und konnte so zunächst einmal den Trinkwasserbedarf von zwei Millionen Kubikmetern im Jahr decken. Doch dieser wuchs in der alten Klingenstadt erheblich, so daß das Wasserwerk in Glüder an der Wupper zusätzlich Wasser aus der Großen Dhünn-Talsperre und den Wasserwerken Karnap bei Hilden und Baumberg bezieht.

Aber zurück zu den schönen Waldwegen an den stellenweise steilen Ufern: zwölf Quadratkilometer umfaßt die grüne Lunge, 400.000 Bäume pflanzten die Solinger in den letzten 25 Jahren hier an, der Waldanteil im Einzugsgebiet beträgt 44 Prozent. Die Feuchtbiotope in den Auen der Zuflüsse und die Schutzzone 1 im Seebereich sind Refugien für eine Vielzahl heimischer Pflanzen und Tiere.

Unsere Tips

- Arbeitslose schufen in einer Arbeitsbeschaffungsmaßnahme Solingens in den Jahren 1933–1935 den 75 Kilometer langen „Klingenpfad" als Rundweg um das Stadtgebiet. Ein Streckenabschnitt führt von Schloß Burg über Höhrath zum Einflußgebiet und zur Staumauer der Sengbach-Talsperre, dann zur Wupper nach Glüder hinab, wo sich die 1974 errichtete Wasseraufbereitungsanlage befindet. Von Glüder aus gelangt man über den „Waldschadenslehrpfad" der Deutschen Waldjugend zur Strohner Höhe hinauf.

- Weltberühmt ist Solingen durch die hohe Qualität seiner Scheren und Klingen seit mehr als 700 Jahren. Im 17. Jahrhundert gab es 109 Schleiferwerkstätten im Solinger Gebiet, zwei von ihnen, in denen auch heute noch gearbeitet wird, liegen nur wenige Kilometer von Glüder aus wupperabwärts. Der Balkhauser Kotten ist als „Arbeitsmuseum" zu besichtigen, Di bis So 10–17 Uhr. Führungen unter Tel. (02 12) 4 52 36. Im Wipperkotten östlich von Widdert wird noch heute mit Wasserkraft geschliffen und gepliestet (Feinschliff). Öffnungszeiten: Sa und So 10 bis 18 Uhr. Tel. (02 12) 80 03 05 oder 2 47 39 58.

Sengbach- (Solinger) Talsperre, Stadtwerke Solingen, Trinkwasser, 1903, Mauer 43 m, 3 Mio. m^3

🚌 DB bis Solingen Hbf., zu Fuß oder mit dem Bus zum Wilhelm Platz. Von dort O-Bus-Linie nach Burg a.d. Wupper, Auskunft: s. Impressum.
Der Fußweg von Schloß Burg über Höhrath zur Sperrmauer ist ca. 4 km lang.Mit dem Auto A 1, Ausfahrt Schloß Burg/Wermelskirchen, Richtung Schloß Burg, dann erste Straße links, Richtung Höhrath/Sengbach-Talsperre, Parkplatz in Höhrath. Von Solingen Stadtmitte, Bismarckstraße, Paffenberger Weg, Balkhauser Weg bis Parkplatz Glüder, dann Fußweg zur Sperrmauer ca. 4 km.

🚶 Rundwanderweg um die Talsperre ab Parkplatz Glüder bzw. Parkplatz Höhrath ca. 9 km. Anbindung an Wanderwege nach Schloß Burg und Wupper.

🏛 Bergisches Museum Schloß Burg, Öffnungszeiten: täglich 10 –18, Mo 13 –18 Uhr, Tel. (02 12) 24 22-6 26.

🍴 Restaurant Café Zur Solinger Talsperre, Höhrath 150, 42659 Solingen, Tel. (02 196) 12 37, Fax (02 196) 8 41 50.

⛺ Waldcamping Glüder, 42659 Solingen, Tel. (02 12) 24 21 20.

☞ Stadtinformation Solingen, Tel. (02 12) 2 90 23 33.

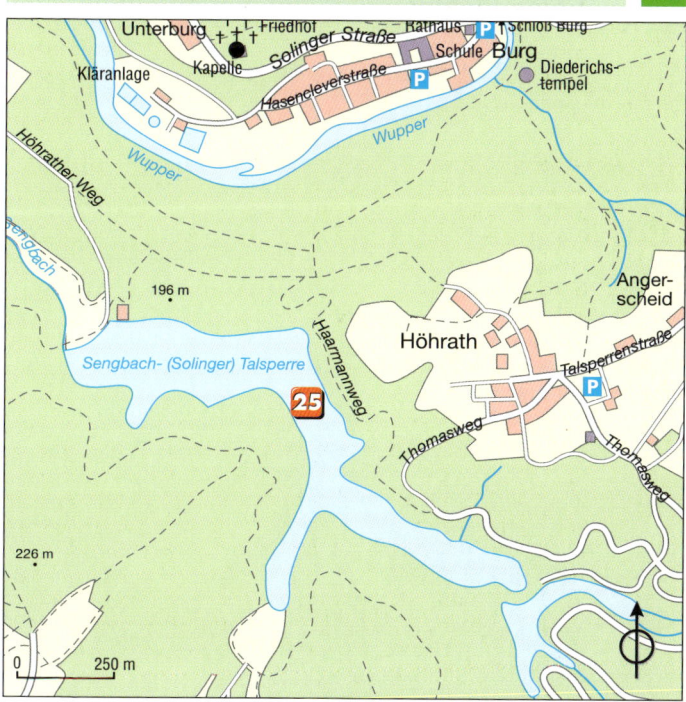

Zauber eines alten Schwimmbads

Zu seiner Eröffnung am 24. Juni 1927 spielte die Feuerwehrkapelle, und Schwimmerstaffeln kamen sogar aus Elberfeld, um mit Schauspringen, Damen-Freistil und einer Herren-Lagestaffel das neue Bad mit seinen 50-Meter-Bahnen und Startblöcken einzuweihen. Seit 1924 plante die Stadt Radevormwald, die 1910 die zweite Jugendherberge der Welt eröffnet hatte, ein eigenes Schwimmbad. Auf dem Areal an der „Untersten Mühle" wurde ein Staudamm von ca. fünf Meter Höhe errichtet, dahinter ein Schwimmteich abgemauert.

An das „Bergschwimmbad" erinnert noch ein schönes Plakat mit einer kessen Schwimmerin im Foyer des Restaurants Uelfebad. Ein zierlicher Holzbrückengang, der einstmals die Bereiche für Nichtschwimmer und Schwimmer trennte, verbindet immer noch die gegenüberliegenden Beckenmauern, auch die Springbrunnen-Fontäne plätschert noch. Aber das im weiten Umkreis beliebte Schwimmbad wurde im Juli 1955 geschlossen.

Seitdem hat das Uelfebad, wie der See bis heute heißt, zum alten Zauber neuen hinzugewonnen: Beim Brunchen auf der Sonnenterrasse des ehemaligen Schwimmbadgebäudes kann man Modellschiffern zuschauen oder Kindern beim Entenfüttern. Beim abendlichen Speisen im schönen Restaurant läßt es sich auf den dunkel schimmernden, romantischen See hinausträumen.

Unsere Tips

- Die Quellen der Uelfe entspringen am Rocholsberg und unterhalb der alten Höhenstraße (B 483) von Radevormwald nach Schwelm; die Uelfe betrieb Mühlen und Kraftanlagen. In ihrem Mittellauf entstand mit dem Restaurant Uelfebad, der Hees-Mühle und der Obersten Mühle eine kurze Schlemmermeile, vom Stadtkern Radevormwald mit dem Auto auf der Straße im Uelfetal oder auf Spaziergängen (ca. 30 Minuten) gut zu erreichen. Vom Wanderparkplatz auf dem Uelfestaudamm aus eröffnen sich lohnende Wege.

- Weithin sichtbar sind die Türme der alten Kirchen in der 400 Meter hoch gelegenen Stadt Radevormwald (25.600 Einwohner), die schon als eine der ältesten Städte im Bergischen Land 1363 ein Stadtsiegel hatte. Schöne Fachwerk- und Schieferhäuser prägen das Bild der Innenstadt (s. S. 36). Beliebter Nachfolger des Uelfebades in Radevormwald ist das Hallenbad „aquafun", Kottenstr. 13, 42477 Radevormwald; Öffnungszeiten unter Tel. (0 21 95) 91 62-12, Dauer-Info (0 21 95) 91 62-10.

- Ein Kleinod bergischer Dorfkirchen aus dem 18. Jahrhundert steht in Remlingrade (ca. vier Kilometer von Dahlerau). Hier sind die Namenszüge der Familien, die für die Kirche stifteten, auf den Kirchenbänken eingeschnitzt.

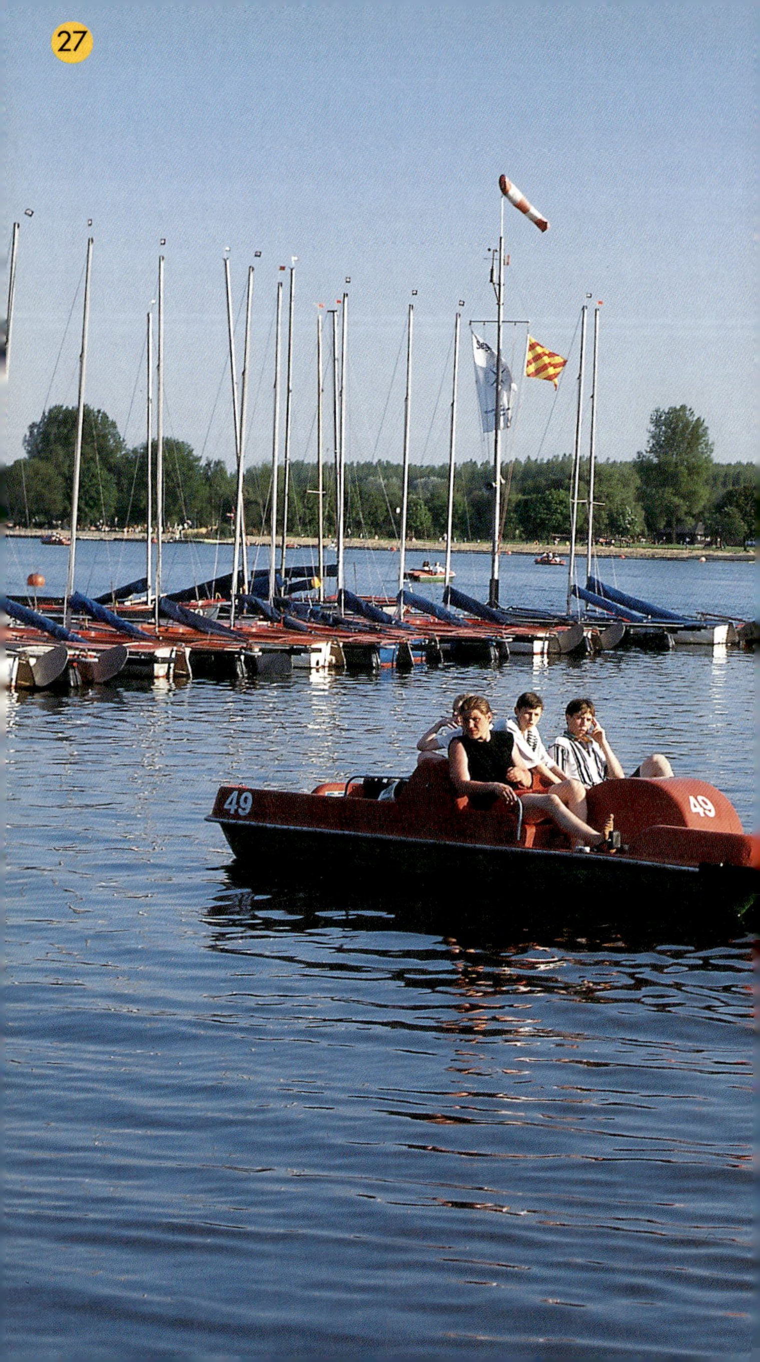
27
49
49

Uelfebad, Stadt Radevormwald, Brauchwasser, 1926–1927
Staudamm, Betonstützmauer für Becken ca. 5 m, 37.668 m³

🚌 Mit dem Bus von Wuppertal, Remscheid-Lennep, Lüdenscheid,
Schwelm, Information: s. Impressum.
Mit dem Auto A 1, Ausfahrt Remscheid, dann B 229, oder Ausfahrt Wuppertal-Ost/Schwelm, dann B 7 bis Schwelm, dort B 483
Richtung Radevormwald, von Radevormwald-Mitte (Kaiserstraße)
Mühlenstraße hinab zum Uelfebad.

🚶 Rundwanderwege vom Parkplatz Uelfebad aus.

🏛 Heimatmuseum, Hohenfuhrstr. 8, 42477 Radevormwald, Öffnungszeiten: So 15–17 Uhr, Führungen unter Tel. (0 21 95) 21 82.

✗ Restaurant Uelfebad, 42477 Radevormwald, Tel. (0 21 95) 12 10.
Restaurant Café Hees-Mühle, Unterste Mühle 1,
42477 Radevormwald, Tel. (0 21 95) 21 20.
Brasserie-Rotisserie Oberste Mühle, 42477 Radevormwald,
Tel. (0 21 95) 3 02 91, Fax (0 21 95) 3 02 82.

☞ Segelflugplatz Leye an der B 483, Information und Mitfluggelegenheit unter Tel. (0 21 95) 84 09.

🏃 Angeln: Angelsportverein Radevormwald, Tel. (0 21 91) 66 21 82.

Wissenswertes

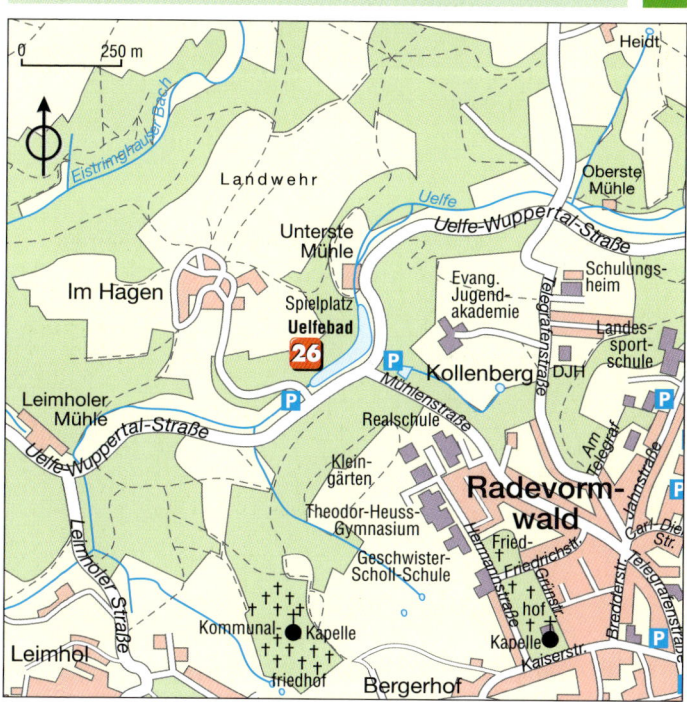

Freizeitlandschaft in ehemaliger Kiesgrube

Nicht immer glückt die Zusammenarbeit verschiedener Kommunen. Aber dem Trägerverband, den 1956 die Städte Düsseldorf, Erkrath, Hilden und der Kreis Mettmann gründeten, ist seit 1966 eines der beliebtesten Erholungsgebiete in Nordrhein-Westfalen zu verdanken. Eingebettet in Wald und Wiesenlandschaft liegt der Unterbacher See heute auf Düsseldorfer Stadtgebiet, zugleich ist er schnell von den Autobahnausfahrten Düsseldorf-Eller und Düsseldorf-Erkrath zu erreichen.

Mit seinem Bootshafen, seinen beiden Strandbädern und Campingplätzen, Segel- und Surfschule, den stillen Angelplätzen und seinem Seerestaurant mit großzügiger Terrasse bietet er all das, was Menschen von einem echten Feriensee erwarten.

Am Westabfall des Bergischen Landes zur Rheinebene hin befinden sich bis zu 30 Meter mächtige, in der Eiszeit abgelagerte Kies- und Sandbänke, die vielfach abgebaut werden. Nach den Auskiesungsarbeiten des Unterbacher Sees 1926–1973 füllte er sich mit Grundwasser. Am Nord- und Südufer wurde für die Strandbäder Kies und Sand angeschüttet. Der See hat vier kleine Inseln und wegen seiner Steilufer kaum Schilf- und Röhrichtzonen.

Unsere Tips

- Träger des Zweckverbandes Erholungsgebiet Unterbacher See sind heute die Städte Düsseldorf, Hilden und Erkrath. In dem 200 Hektar großen Gelände, das an den Eller Forst grenzt, nutzen jährlich eine Million Menschen die Freizeitangebote rund um den Wassersport. Für Spaziergänger wurden 20 Kilometer Wanderwege und 17 Kilometer Seerundwege angelegt, die auch durch Naturschutzgebiete führen. Ca. 7.000 Parkplätze stehen zur Verfügung. Auf dem See sind keine Motorboote zugelassen, im Bootshafen vergibt der Zweckverband eine begrenzte Zahl von Bootszulassungen mit Liegeplätzen für Boote und Surfboards. Der Schulrudersport hat ein Zentrum am Nordufer.

- Mit dem Fahrrad durch das Gebiet des Bocksbergs oder mit dem Auto über Hochdahl erreicht man nach ca. 11 bis 15 Kilometern das Neandertal in Erkrath mit seinem Museum. Auch diese Landschaft entstand durch Eingriff des Menschen. In der romantischen Düssel-Schlucht wurde seit etwa 1850 Kalkstein aus den vor ca. 400 Millionen Jahren entstandenen Korallenbänken des Devonmeers abgebaut. Dabei stieß man 1856 in einer Höhle auf das Skelett eines prähistorischen Menschen, eben des Neanderthalers. Die berühmte Schluchtlandschaft des Tals, einst eine „Studienlandschaft" der europäischen Landschaftsmalerei, ist bis auf wenige Reste verschwunden. Lohnend ist dennoch ein Spaziergang. Unumgänglich ist der Besuch des 1996 neu eröffneten Neanderthal Museums, Talstr. 300, 40822 Mettmann, Tel. (0 21 04) 97 97 97. Öffnungszeiten: Di bis So 10–18 Uhr. Auf einer Art Erlebnistour erhält man Informationen über die Entwicklungsgeschichte des Menschen.

Unterbacher See, Zweckverband Unterbacher See, Grundwasser-
see, entstanden 1926–1973, Seefläche 95 ha

🚆 Mit der Bahn: S-Bahnhof Düsseldorf-Eller, Buslinie 891 bis Südufer
(nur während der Saison), Auskunft: s. Impressum.
Mit dem Auto A 3 bis Kreuz Hilden, dann A 46 Richtung Düsseldorf, Ausfahrt Erkrath, Schildern folgen.

🚲 Gute Radfahrmöglichkeiten.

🚶 Wanderwegenetz am Unterbacher See und im Eller Forst.

🍴 Seerestaurant, Tel. (02 11) 20 13 91.

☞ Hotline für Wind, Wetter und Zeiten am Unterbacher See,
Tel. (02 11) 8 99 20 42.

🏃 Alle Arten Wassersport außer Motorbootfahren. Information bei
der Segel- und Surfschule, Tel. (02 11) 8 99 20 94.

⛺ Touristen-Camping, Saison eine Woche vor Ostern bis
Anfang Oktober, Tel. (02 11) 8 99 20 94, Fax 8 92 91 32.

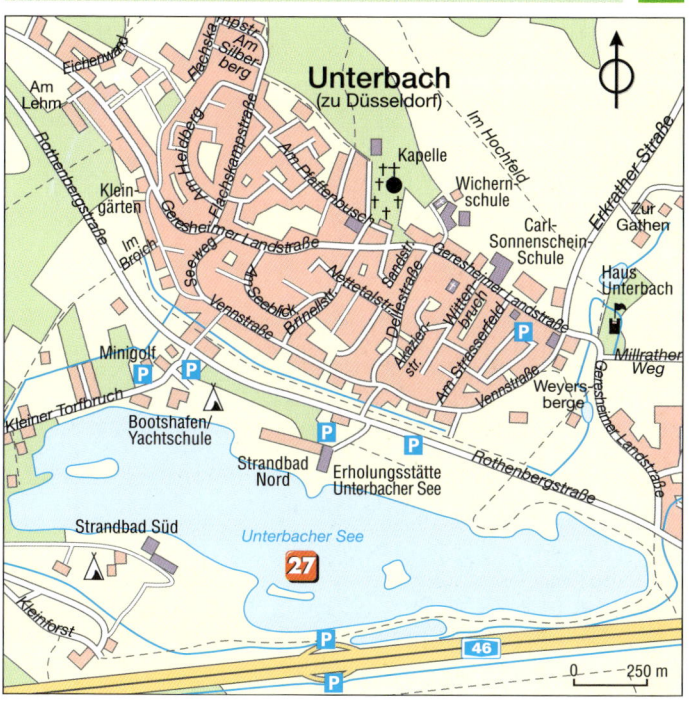

Ein Riegel vor tiefer Schlucht

Tief schneidet sich der Wahnbach durch die nach Süden abfallende Bergische Hochfläche, bevor er die weite Auenlandschaft der Sieg zwischen Siegburg und Hennef erreicht. Fährt man von der Siegebene talaufwärts, wachsen die Berge rechts und links schnell in die Höhe, bis sich hinter Seligenthal der Absperrdamm der Wahnbach Talsperre wie ein Riegel vor das Tal schiebt.

1954 begannen die Baumaßnahmen für die große Talsperre, die das Stadtgebiet von Bonn und weite Teile des Rhein-Sieg-Kreises mit Trinkwasser versorgt. Wanderwege führen in ihrem unteren Abschnitt nur zum begehbaren Staudamm, wo Informationstafeln über die Technik und über den großen Vogel- und Pflanzenreichtum informieren. Alle anderen Ufer liegen in stiller Einsamkeit vom Publikumsverkehr abgesperrt; nur im oberen Bereich, bei Birk und Wolperath, führen Rundwanderwege an einigen Uferpartien entlang.

Unsere Tips

- Der Wanderweg von Hennef zum Wahnbach führt durch das stille, wie weltabgeschieden wirkende Seligenthal mit seiner zweischiffigen romanischen Basilika. 1231 entstand hier durch die Stiftung von Graf Heinrich III. von Sayn ein Minoritenkloster, das älteste Franziskanerkloster nördlich der Alpen.

- Hennef, der älteste Kneipp-Kurort des Rheinlandes, lohnt einen ausführlichen Besuch. Die Stadt wurde 1075 zum ersten Mal urkundlich genannt. Idyllisch ist der kleine Ort Blankenberg mit seinen Fachwerkhäusern und der malerischen Burgruine. Die Burg wurde gegen die Vormacht der Grafen von Berg und der Landgrafen von Thüringen (Windeck) durch die Herren von Sayn 1180 errichtet. Der Katharinenturm mit Heimatmuseum, Teil der Stadtbefestigung, entstand um 1370, die Katharinenkirche bereits 1248.

- Hoch über der Stadt Siegburg thront auf dem Michaelsberg die imposante Abtei, 1060 auf einer ehemaligen Burg gegründet. Dem Eisheiligen St. Servatius ist die große Pfarrkirche (12./13. Jahrhundert) geweiht. An allen europäischen Höfen waren die „Schnellen" (hohe, schlanke mit Bildern geschmückte Krüge) und Schnabeltassen der Siegburger Töpfereien beliebt. Die Siegburger Töpferei, Kirchplatz 7, arbeitet seit 1955 nach historischen Vorbildern. Besichtigungen sind möglich, Tel. (0 22 41) 6 95 88.

bei Hennef/Neunkirchen-Seelscheid

Wahnbach Talsperre, Wahnbachtalsperrenverband WTV,
Trinkwasser, 1958, Damm 49,50 m, 40,91 Mio. m^3

🚌 Mit dem Auto A 3, Ausfahrt Bonn/Siegburg, Richtung Siegburg-
Kaldauen, hier Schildern zur Wahnbach Talsperre folgen. Zum
Fuß des Damms gelangt man von Kaldauen über Seligenthal.

🚲 Radwandern: Radwanderwege im Siegtal, von dort im
Wahnbachtal zum Staudamm.

🚶 Zwischen Sieg und Wahnbach-Sperrdamm Wanderwege ×12
und V 1. Großes Wanderwegenetz bei Neunkirchen und
Seelscheid.

🛏 Klosterhof Seligenthal, Zum Klosterhof 1, 53721 Siegburg,
Tel. (0 22 42) 87 47 87, Fax (0 22 42) 87 47 89.

▲ Campingplätze in Hennef-Lanzenbach und Lauthausen,
Auskunft beim Verkehrsamt Hennef, Tel. (0 22 42) 1 94 33 und
Tourismus und Kulturservice Siegburg, Tel. (0 22 41) 9 69-85 33,
Fax (0 22 41) 9 69-85 31.

29

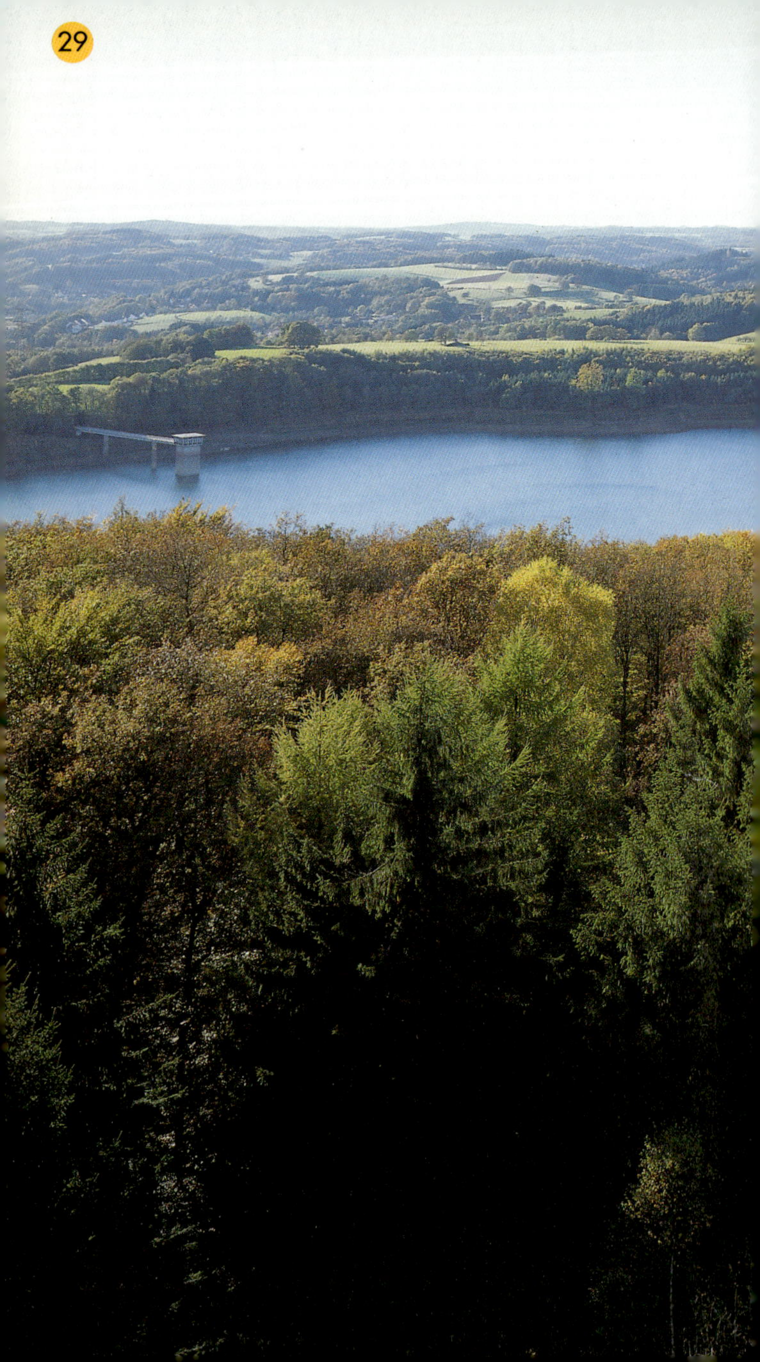

Unzugängliche Schöne mitten im Freizeitland

Kuren und Kegeln, Reiten und Radeln, Gleiten und Golfen, Drachenfliegen und Kutschfahrten und im Winter Lifte und Loipen mit extra eingerichtetem Schneetelefon bei der Gemeinde Reichshof, ein geologischer Garten, ein Vogelpark, ein Wildgehege und ein Wacholdergelände, Mineraliengrotte und Pulvermühlsteine, Puppen- und Modelleisenbahnausstellungen, Töpfereien und Galerien . . . Was begehrt man mehr? Dazu 300 Kilometer markierte Wanderwege, 44 Rundwanderwege, ein Waldlehrpfad und Terrainkurse, das alles ist im oberbergischen Ferienland Reichshof-Eckenhagen zu finden.

Und mitten darin, zwischen weiten Höhen, tiefen Wäldern und Ferienangeboten, liegt die Wiehl-Talsperre, die stille, unzugängliche Schöne. Aber beim Heißluftballonflug und vom Külbergturm bei Brüchermühle ist sie zu überschauen; einige Wanderwege führen an ihre Ufer.

Die Uferbereiche der 1973 errichteten Trinkwassersperre sind unter Naturschutz gestellt, hier entstand ein Refugium für Pflanzen und Tiere.

Unsere Tips

- Reichshof-Eckenhagen umfaßt ein Gebiet, das Kaiser Friedrich I. 1167 seinem Reichskanzler Reinald von Dassel, Erzbischof zu Köln, schenkte. Reichshöfe hatten die Aufgabe, mit ihren Erträgen unmittelbar die Hofhaltung und Bedürfnisse der königlichen Familien zu sichern. Im Mittelalter war hier ein Zentrum des bergischen Bergbaus. Die 1830 getrennten Orte Eckenhagen und Denklingen schlossen sich 1969 wieder zu Reichshof-Eckenhagen zusammen.

- „Klein Venedig" heißt die liebevoll restaurierte Burganlage in Denklingen mit ihrem Mühlenteich und der Antoniuskapelle. Hier stand seit dem 14. Jahrhundert eine Wasserburg der Grafen von Berg. Eine Gobelinausstellung der Handweberei Wagner befindet sich in der Burg. Tel. (0 23 71) 4 03 31.

- Der Westturm der Pfarrkirche von Eckenhagen stammt aus dem 12. Jahrhundert, das Langhaus aus der Barockzeit. Ihre Orgel von 1794 ist die größte Barockorgel in unserer Region. Evangelisches Gemeindeamt, Tel. (0 22 65) 2 05.

- Bauernhofmuseum „D'r Isenhardt's Hoff", Hauptstr. 20, 51580 Reichshof-Eckenhagen, Tel. (0 22 65) 91 50 oder 01 77/8 53 86 60.

Wiehl-Talsperre, Aggerverband, Trinkwasser, 1973,
Damm 51 m, 31,5 Mio. m³

🚌 DB bis Bf. Dieringhausen oder Gummersbach, dort Bus nach
Eckenhagen, Auskunft: s. Impressum.
Mit dem Auto A 4, Ausfahrt Reichshof/Bergneustadt, B 256 Richtung Waldbröl, hinter dem Biebersteiner See bei Brüchermühle
links, Wiehl aufwärts über Löffelsterz bis zum Wanderparkplatz
in der Nähe des Staudamms unterhalb des Külbergturms.

🚶 Rundwanderwege beim Aussichtsturm Külberg sowie vom Wanderparkplatz Obersteimel nordöstlich der Wiehl-Talsperre. Wanderstrecke ×22 des SGV führt nordöstlich der Talsperre entlang.

🏛 Museum Achse, Rad und Wagen, BPW Bergische Achsen KG,
Wiehl, Öffnungszeiten: Sa 14.30 – 17.30 Uhr,
Gruppenführungen, Tel. (0 22 62) 78 12 80.

☞ Informationen bei der Kurverwaltung Eckenhagen, Barbarossastr. 5,
51580 Reichshof, Tel. (0 22 65) 4 70, 1 94 33, Fax (0 22 65) 3 56.

🏃 Wintersport Eckenhagen-Blockhaus: Rundloipen in Blockhaus
und Hahn, Schneetelefon (0 22 65) 3 45.
Badeparadies „monte mare", Hahnbucher Str. 51,
51580 Reichshof-Eckenhagen, Tel. (0 22 65) 5 01.

Eines der ältesten Projekte, als letztes verwirklicht

Stinkende Ufer der fast ausgetrockneten Wupper von Elberfeld bis Leichlingen in heißen Sommern, verheerende Hochwasser nach ungewöhnlich starken Regenperioden – ältere Menschen in den Städten an den Wupperufern erinnern sich noch an die alljährlich wiederkehrenden Sorgen mit dem Wupperwasserstand. Die wasserundurchlässigen Gesteinsschichten des Rheinischen Schiefergebirges, zu dem die Höhen des Bergischen Landes gehören, bilden keine Grundwasserspeicher, sondern lassen Regenwasser schnell ablaufen. Lieblich plätschernde Bäche verwandeln sich innerhalb weniger Stunden in reißende Sturzwasser; 1890, 1909, 1925, 1926 und 1946 erlebten die Wupperstädte verheerende Hochwasserfluten.

Schon 1912 gab es Pläne zum Bau einer Sperre bei der Halbinsel Hammerstein bei Hückeswagen. Aber erst 1957 begannen die Planungen des Wupperverbandes für einen Dammbau bei Krebsöge. 1976 wurde die bis ins Stadtgebiet reichende Vorsperre von Hückeswagen in Betrieb genommen. Am 11. November 1987 begann der Einstau der vorläufig letzten Talsperre im Bergischen Land. Seitdem sorgt die 235 Millionen Mark teure Sperre mit ihrem 320 Meter langen Damm für den Stau der Wupper auf einer Länge von fast 14 Kilometern für Niedrigwasseraufhöhung und Hochwasserschutz. Eine Turbine im Kraftwerk am Staudamm Krebsöge erzeugt sechs bis sieben Millionen kWh Strom.

Unsere Tips

- Der 227 Hektar große Stausee ist für alle Arten des Wassersports freigegeben. Am westlichen Ufer bei der Talbrücke Kräwinkel ist ein Bootshafen mit Bootsverleih, an der Hückeswagener Seite der Strand des Ferienparks Kräwinkel mit Campingplatz, Tel. (0 21 95) 6 95 08, und Wochenendhaussiedlung. Beliebter Treffpunkt zum Inline-Skating ist der Hauptabsperrdamm bei Krebsöge. Wander- und Spazierwege wurden angelegt.

- Wie Perlen an einer Schnur reihten sich zwischen Hückeswagen und Wuppertal-Beyenburg bis in unser Jahrhundert hinein Textilfabriken. Durch diese einzigartige Industrielandschaft führt der Wanderweg ×7 oder die Straße von Beyenburg nach Dahlhausen. Die ältesten Fabrikgebäude wurden seit 1830 hier in Bruchsteinbauweise nach englischen Vorbildern angelegt. Dort zeigt das Johann Wülfing Museum e.V. mit Dampfmaschine, Turbinen und Textilmaschinen Dokumente zur Geschichte der Tuchindustrie. Führungen unter Tel. (0 21 91) 66 32 19. Das Tuchmuseum Lennep, Freiherr-vom-Stein-Schule an der Hardtstraße in Remscheid-Lennep, informiert über die bis 1987 bestehende Tuchindustrie an der Wupper. Führungen unter Tel. (0 21 91) 66 92 64.

- Auf Voßhagen bei Hückeswagen, in der Nähe der Halbinsel Hammerstein, befindet sich ein Friedhof für Kriegsgefangene, russische Zwangsarbeiter. Hier errichtete ein Freundeskreis die 1986 eingeweihte Friedenskapelle, von deren Fenster man weit über die bergischen Höhen blickt.

Wupper-Talsperre, Wupperverband, Brauchwasser, 1987, Damm 40 m (über Gründung), 25,9 Mio. m³

Mit dem Bus: Radevormwald/Remscheid-Lennep, Auskunft: s. Impressum.
Mit dem Auto A1, Ausfahrt Remscheid, B 229 Richtung Radevormwald, nach Überquerung der Wupper-Talsperre rechts, Abfahrt zum Parkplatz Wupperdamm.

Über das weite Rad- und Wanderwegenetz und über die Wanderparkplätze informiert die Wanderkarte „Wupper-Talsperre", hrsg. vom Wupperverband, Tel. (02 02) 5 83-0.

Landgasthof Heidersteg, 42477 Radevormwald, Tel. (0 21 95) 27 06.

Bootsverleih, Bootsliegeplätze, Boots- und Tauchgenehmigungen: Wassersport und Freizeitanlage Kräwinklerbrücke GmbH, Bootshafen, Tel. (0 21 91) 47 81 71, Internet: kraewi.wtal.de.
Tauchschule, Tel. (02 02) 44 40 41, Fax (02 02) 44 40 52.

☞ Informationszentrum Wuppertal, Tel. (02 02) 1 94 33.

Wissenswertes

A – Z

Überblick

1 Agger-Talsperre
Aggerverband Niederseßmar
Tel. (0 22 61) 36-0
Fax (0 22 61) 36-2 70

2 Bever-Talsperre
Wupperverband
Tel. (02 02) 5 83-0
Fax (02 02) 5 83-3 17
Internet: wupperverband.de

3 Beyenburger Stausee
Wupperverband (s. Bever-Talsperre)

4 Blauer See
Blauer See GmbH
Naturpark-Familie-Erlebnis
Tel. (0 21 02) 98-25 35
Fax (0 21 02) 98-44 32

5 Brucher-Talsperre
Wupperverband (s. Bever-Talsperre)

6 Diepentalsperre
Café-Restaurant am See
Tel. (0 21 71) 3 02 14

7 Ehreshoven Stausee 1
Harpen AG, Dortmund
Solar-Wind-Wasserkraftwerke
Betriebsstelle Agger
Tel. (02 31) 51 99-0
Fax (02 31) 51 99-1 12

8 Ennepetalsperre
Ruhrverband
Tel. (02 01) 1 78-0
Fax (02 01) 1 78-14 25

9 Eschbach- (Remscheider) Talsperre
ewr GmbH Remscheid
Tel. (0 21 91) 16-40
Fax (0 21 91) 16 52 02

10 Genkel-Talsperre
Aggerverband (s. Agger-Talsperre)

11 Große Dhünn-Talsperre
Wupperverband (s. Bever-Talsperre)

12 Heilenbecke Talsperre
Heilenbecke-Wasserverband
Tel. (0 23 33) 98 92-15
Fax (0 23 33) 77 14

13 Herbringhauser (Barmer) Talsperre
Wuppertaler Stadtwerke AG
Tel. (02 02) 5 69-1
Fax (02 02) 50 47 47

14 Herrenteich
Wahnbachtalsperrenverband WTV
(s. Wahnbach Talsperre)

15 Holstein's Mühle
Holstein's Mühle
Tel. (0 22 93) 69 56
Fax (0 22 93) 10 22

16 Ittertal, Stausee
BRW Bergisch-Rheinischer
Wasserverband
Tel. (0 21 04) 6 91 30
Fax (0 21 04) 69 13 66

17 Käshammer, Gelpetal
Gaststätte Käshammer
Tel. (02 02) 40 14 34

18 Kettwiger Stausee
Ruhrverband (s. Ennepetalsperre)

19 Lingese-Talsperre
Wupperverband (s. Bever-Talsperre)

20 Neye-Talsperre
ewr GmbH Remscheid
(s. Eschbach- (Remscheider) Talsperre)

21 Panzer-Talsperre
ewr GmbH Remscheid
(s. Eschbach- (Remscheider) Talsperre)

22 Ronsdorfer Talsperre
Wupperverband (s. Bever-Talsperre)

23 Saaler Mühle
Stadt Bergisch Gladbach
Büro für Presse und
Öffentlichkeitsarbeit
Rathaus Bergisch Gladbach
Tel. (0 22 02) 14 28 04
Fax (0 22 02) 14 22 40

24 Schevelinger Talsperre (Silbersee)
Wupperverband (s. Bever-Talsperre)

25 Sengbach- (Solinger) Talsperre
Stadtwerke Solingen GmbH
Tel. (02 12) 2 95-0, Fax 2 95-14 14

26 Uelfebad
Stadt Radevormwald
Tel. (0 21 95) 6 06-0
Fax (0 21 95) 6 06-1 16

27 Unterbacher See
Zweckverband Unterbacher See
Tel. (02 11) 8 99 20 94
Fax (02 11) 8 92 91 32

28 Wahnbach Talsperre
Wahnbachtalsperrenverband WTV
Tel. (0 22 41) 1 28-0
Fax (0 22 41) 1 28-1 09

29 Wiehl-Talsperre
Aggerverband (s. Agger-Talsperre)

30 Wupper-Talsperre
Wupperverband (s. Bever-Talsperre)